ANTIKE UND GEGENWART

ANTIKE BRIEFE

Cicero – Plinius – Seneca

Lehrerkommentar
von
Kurt Benedicter

C. C. BUCHNERS VERLAG

ANTIKE UND GEGENWART

Lateinische Texte
zur Erschließung europäischer Kultur

Herausgegeben von Prof. Dr. Friedrich Maier,
Humboldt-Universität zu Berlin

1. Auflage 1 ⁵ ⁴ ³ ² ¹ 2003 2002 01 00 1999
Die letzte Zahl bedeutet das Jahr dieses Druckes.

Alle Drucke dieser Auflage sind, weil untereinander unverändert,
nebeneinander benutzbar.

Dieses Werk folgt der reformierten Rechtschreibung und Zeichensetzung. Ausnahmen bilden Texte, bei denen künstlerische, philologische oder lizenzrechtliche Gründe einer Änderung entgegenstehen.

ISBN 3 7661 **5972** 0

Gesamtherstellung: Fränkischer Tag GmbH u. Co. KG, Bamberg

Vorwort

Cicero-, Plinius-, Seneca-Briefe in einem Geheft? Ich meine, dieser neue Band mit den klassischen Brief-Autoren sollte auch für den Lateinlehrer so manche neue Möglichkeit schaffen und manche Anregung vermitteln. Natürlich rückt er nicht von bewährten und bekannten Texten ab; er verzichtet aber auf alle nicht unbedingt nötigen, thematisch und inhaltlich weniger werthaltigen Briefe.
In der angebotenen Themenübersicht (↗S. 12–14 hier im Lehrerheft) kann sich der Lehrer sofort einen Überblick verschaffen, wie er (z.B. mit der Einheit I über Briefmaterialien und -transport) in die Brieflektüre leicht und informativ einsteigen, wo er Schwerpunkte setzen und mit welchen Inhalten er seine Schüler je nach der Interessen-Lage einer Klasse besonders motivieren kann.
Bei einer Reihe von Themen erkennt man bei der Übersicht schnell, dass inhaltlich parallele Texte von Cicero und Plinius bzw. von Plinius und Seneca angeboten sind, die eine interessante kritisch-vergleichende Lektüre ermöglichen und z.B. eine parallele Betrachtung von Briefen der republikanischen Zeit mit solchen der Kaiserzeit nahe legen.
Natürlich sind alle Texte hinsichtlich des Stundenaufbaus in diesem Kommentar einzeln besprochen: die didaktische Begründung für die Aufnahme in den Text-Band fehlt ebenso wenig wie Vorschläge für die Einstimmung.
Die Hinweise zum Textaufbau und zu den Interpretationslinien sind an wichtigen Stellen, wo dies angebracht schien, mit Vorschlägen für mögliche Tafelbilder, Übersichten oder für Arbeitsblätter versehen. Auch für den Einbau der Begleit- und Zusatztexte sind Möglichkeiten aufgezeigt.
Wo es sinnvoll schien, sind auch Vorschläge für die sprachliche Wiederholungsarbeit (z.B. zu wichtigen Erscheinungen der Syntax und des rhetorischen Stils oder bei der Strukturananlyse schwieriger Sätze) mit eingebracht.
Sehr dankbar ist der Bearbeiter dem Verlag, dass dieser durch eine Erweiterung des Bandumfangs und insbesondere der Bebilderung die Möglichkeit schuf, gegenüber der ursprünglichen Planung ein zusätzliches Textangebot in den Textband und an einer besonders attraktiven Stelle auch ins Lehrerheft aufzunehmen, wodurch der Lehrer in die Lage versetzt wird, dem Schüler beispielsweise den Vesuv-Ausbruch auch aus der Sicht des jüngeren Plinius nahe zu bringen, wenn eine Klasse besonderes Interesse für dieses Thema zeigt.
So darf man hoffen, dass sich die Brief-Lektüre mit dem übersichtlichen Textband und der umfangreichen Kommentararbeit in diesem Heft trotz Zuammenlegung der drei berühmten Briefautoren besonders anschaulich und gründlich vollziehen lässt. Auch einige Vorschläge für Schüleraufgaben/Proben fehlen nicht.
Auch an dieser Stelle sei den Gutachtern für viele förderliche Anregungen noch einmal herzlicher Dank gesagt.

Kurt Benedicter

Inhalt

A) Allgemeiner Teil

1. Umfang, Aufgaben, Grundlagen, Ziele, Zeitpunkt der Brief-Lektüre

1.1 Umfang und Material der Brief-Lektüre

1.1.1 Umfang und Anlage der vorhandenen Ausgaben

Derzeit werden für die Brief-Lektüre, deren Umfang in den Lehrplänen ja vorgegeben ist, nach Autoren gesonderte Ausgaben verwendet, die – für den jeweiligen Brief-Autor (Cicero, Plinius, Seneca) getrennt – in dessen Vita einführen, die entsprechenden historischen Hintergrund-Kenntnisse für die Texte anbieten, die wichtigsten Voraussetzungen für das sprachliche Verständnis zu schaffen suchen und in einem Sub-Linea-Kommentar die notwendigen Hilfen für die Schüler zur Verfügung stellen. Dazu kommen natürlich die unverzichtbaren Literatur-Hinweise, Ergänzungstexte und gegebenenfalls ein Ergänzungswortschatz, der freilich nur dann wirklich seinen eigentlichen Zweck, nämlich weniger Nachschlagearbeit, erfüllen kann, wenn er möglichst vor Lektürebeginn von den Schülern angeeignet wird.

Dieser Aufbau ergibt für jeden Autor der Brief-Lektüre, (also für Cicero, Seneca und Plinius) eine kommentierte Schulausgabe (Text-Band) mit im Durchschnitt etwa 130–140 Seiten.

Die umfangreichen, mit größter Gründlichkeit erstellten Viten und historischen Hinweise sind im Kollegenkreis nicht unumstritten, weil sie gerade wegen dieses beträchtlichen Umfangs in vielen Fällen von den Schülern nicht sorgfältig angeeignet oder nur in Auszügen auf Weisung des Lehrers zur Kenntnis genommen werden. Daraus ergeben sich folgende Konsequenzen für die Unterrichtspraxis:

1.1.2 Konsequenzen für die Unterrichtspraxis

Bei drei durch den Lehrplan vorgegebenen Bereichen der Brief-Lektüre (Cicero, Plinius, Seneca) entstehen so insgesamt drei Bände mit rund 400 Seiten, welche die Schule erwerben muss und die der Lehrer dem Schüler nahe bringen soll. Alle an den realen Fakten orientierten Lehrer wissen aber, dass aus Zeitgründen allenfalls ein bescheidener Prozentsatz der jeweils angebotenen Texte gelesen werden kann, dass aber weite Teile der von den Bearbeitern liebevoll zusammengetragenen Schulausgaben für die Schüler zwangsläufig verschlossen bleiben müssen.

Aus diesen Überlegungen leiteten sich folgende Vorgaben für diese Ausgabe ANTIKE BRIEFE ab:

1.1.3 Konsequenzen für die vorliegende Auswahl

Für den Herausgeber der Reihe ANTIKE UND GEGENWART, Prof. Dr. Friedrich Maier, waren diese Überlegungen Anlass, im Einvernehmen mit dem Bearbeiter, einen eigenen Band ANTIKE BRIEFE (Cicero – Plinius – Seneca) erstellen zu lassen und die folgenden verbindlichen Vorgaben zu vereinbaren:

- Der Band ANTIKE BRIEFE soll die Brief-Lektüre in einem Band zusammenfassen, zumal so auch leichter eine vergleichende und übergreifende Lektüre der Brief-Literatur ermöglicht wird.
- Von jedem der drei Brief-Autoren sollen nur noch die wirklich bedeutsamen und werthaltigen Briefe oder Brief-Auszüge übernommen werden, um einen auch für die Schüler überschaubaren Umfang und damit einen schon rein äußerlich motivierenden Band zu schaffen.
- Dieser Band sollte ursprünglich nur 96 Seiten umfassen; durch sehr hilfreiche und dankenswerte Ergänzungsvorschläge der Gutachter wurde er dann mit Zustimmung des Verlags auf 105 Seiten erweitert, wodurch zugleich eine Erweiterung des ursprünglich geplanten Seneca-Angebots möglich war.

1.1.4 Aus diesen Vorgaben resultierende Aufgaben für den Bearbeiter

Für den Bearbeiter ergaben sich durch diese Vorgaben und Absprachen folgende notwendige Einschränkungen:

- Der knappe Rahmen konnte nur durch eine *äußerst gezielte und strenge Auswahl* eingehalten werden, wobei von vorneherein alle weniger bedeutsamen Briefe und Brief-Teile weggekürzt werden mussten.
- *Einleitung und Vorspann* zu den Briefen mussten auf ein absolutes Minimum beschränkt werden, so z.B. alle Angaben zu Sprache und Stil der Brief-Literatur, während die notwendigen Hilfen im Sub-Linea-Kommentar erscheinen.
- *Alle Informationen zum antiken Brief,* die seine Materialien, seinen Transport, seine Risiken und seine Anliegen und Ziele betreffen, werden auf neue Art in der ersten der ***sieben Haupt-Einheiten*** (I–VII) des Bandes durch Originalstellen aus den Briefen mit entsprechenden Abbildungen vermittelt, wodurch der Schüler bei maßvollem und geringem Umfang der Texte zugleich vorsichtig und vernünftig an die Brief-Literatur herangeführt wird.
- Natürlich wurde auch die *Vita der drei Autoren* im Vorspann auf die allernötigsten Angaben beschränkt, was aber zugleich den Vorteil hat, dass diese Angaben für die Schüler überschaubar bleiben und so vielleicht eher zur Kenntnis genommen werden.
- Auch das *Eigennamenverzeichnis und die Literatur-Angaben* mussten dementsprechend auf ein notwendiges Minimum eingeschränkt werden. Für besonders problematische Fälle findet aber der Lehrer hier im Lehrerheft immer dort ergänzende Angaben, wo dies für ihn notwendig sein könnte.

1.2 Wesentliche Grundlagen und Ziele der Brief-Lektüre und Vorgaben für ihre Realisierung

1.2.1 Grundsätzlich sollten nach Ansicht des Bearbeiters **alle Facetten der Brief-Literatur** in einem solchen Band ausgeschöpft werden, d.h.:

- Vom Material und Transport bis zu den Risiken des antiken Briefverkehrs;
- vom echten persönlichen Brief bis zum sprachlich und inhaltlich ausgefeilten Kunstbrief;
- von der familiär-vertraulichen Mitteilung bis zur Darstellung römischen Lebens;
- vom Brief als Spiegelung der politischen Vorgänge bis zum Brief als besonders wichtigen Mittel zur Veranschaulichung des literarisch-kulturellen Lebens in Rom;
- vom brieflichen Bericht über historisch bedeutsame Vorgänge bis zum „offenen" oder direkt an die Öffentlichkeit und Allgemeinheit gerichteten (popular-) philosophischen oder paraenetischen Brief.

1.2.2 Die **vergleichende Behandlung paralleler Themen bei verschiedenen Autoren,** insbesondere der Vergleich zwischen inhaltlich parallelen Briefen in der republikanischen und in der Kaiser-Zeit sollte durch die Textauswahl gewährleistet sein.

1.2.3 Der Aufbau der Texte sollte in für die Schüler **überschaubaren und motivierenden Kapitel-Einheiten** erfolgen, wie sie sich bei der Plinius-Ausgabe des Bearbeiters in der Reihe RATIO nach den Rückmeldungen der Kollegen bewährt haben.

1.2.4 Die oben schon genannte breit gefächerte Thematik soll die gerade auch in den Jahrgangsstufen 11 und 12 so wichtige **immanente Wortschatzwiederholung** auf breiter Basis garantieren (insgesamt sind im vorliegenden Band weit über 1200 Wörter des GWS wiederholt!)

1.3 Zum Zeitpunkte des Einsatzes der Brieflektüre

Der Band ANTIKE BRIEFE kann in den Jahrgangsstufen 11 und 12 gegebenenfalls auch 13 verwendet werden, da die Texte den Vorgaben der Lehrpläne entsprechen. Die Brief-Lektüre setzt ja in der Regel in Jahrgangsstufe 11 mit Cicero ein; die parallele Betrachtung inhaltlich gleicher oder ähnlicher Briefe sollte man von Anfang an im Auge behalten.
Sicher wird man die Brieflektüre nicht gerade mit den vor allem im Ausdruck für die Schüler schwierigeren Seneca-Briefen beginnen. Aber auch bei der Seneca-Lektüre muss man Unterschiede berücksichtigen und richtig auswählen:
Deshalb wurde bei der Anordnung der Seneca-Briefe auch darauf geachtet, dass die angebotenen Texte zunächst mehr allgemeine popular-philosophische Themen aufgreifen (in Gegenüberstellung mit Plinius-Briefen gleicher Thematik), dann aber auch in etwas schwierigeren Texten die Beziehung Senecas zur Philosophie der Stoa herausstellen.

1.4 Ergänzend in dieser Ausgabe angebotene Hilfen bei der Brief-Lektüre

Zur besseren Motivation der Schüler und zur Erleichterung der Arbeit wurden folgende ergänzende Hilfen in den Textband eingebaut:

1.4.1 Eine fast durchwegs **farbige, reiche Bebilderung,** die stets auf das Anliegen der Texte bezogen ist, soll die Schüler zur Lektüre hinführen, sie dafür motivieren und gewinnen, zugleich aber dem besseren Verständnis dienen.

1.4.2 Ein **Eigennamen-Verzeichnis** (S. 98 – 99), in das alle vorkommenden Namen eingebaut sind (soweit sie nicht schon im Sub-Linea-Kommentar eingebracht wurden), dient der schnellen Information; ebenso ist eine leicht überschaubare Zeit-Tafel (S. 100 – 101) für die problemlose Einordnung der Personen und Vorgänge in den jeweiligen Text und seine Zeit nützlich.

1.4.3 Eine **Karte des Mittelmeer-Raumes** (S. 104), die alle in den Texten vorkommenden Orte und Regionen enthält, soll dort, wo dies für das Verständnis notwendig ist, Überblick schaffen.
Die **Ortsnamen** wurden auch ganz bewusst **nicht in das Eigennamen-Verzeichnis aufgenommen,** um die Schüler zur Eigenarbeit anzuhalten. Nur wo dies der notwendigen schnelleren Information dient, wurden Ortsnamen ausnahmsweise in den Sub-Linea-Kommentar aufgenommen.

1.4.4 Auf den Seiten 11 – 13 bietet eine genaue **Übersicht über die sieben Themen-Bereiche** (mit Seitenzahlen) Schülern und Lehrern die Möglichkeit sich schnell über das Text-Angebot in allen Einzelteilen zu informieren und den jeweils gewünschten Bereich auszuwählen. Aus dieser Übersicht ist auch sofort ersichtlich, wo Texte gleicher Thematik parallel (z.B. von Cicero und Plinius oder Plinius und Seneca) angeboten werden. Natürlich muss hier der Lehrer entscheiden, wo er, um des besseren Verständnisses der Inhalte willen, kombinieren kann und will.

1.4.5 Der schnelleren Information über **wichtige sprachliche Erscheinungen** der Brief-Literatur dient ein Überblick auf den Seiten 9 und 10. Er enthält Beispiele für die wichtigsten Redefiguren (aus den Texten) und eine Zusammenstellung häufiger Wendungen und sonstiger sprachlicher Erscheinungen. Dazu gehört auch die Ergänzungs-Wortschatz-Liste (S. 105).

1.4.6 Über die wichtigsten Daten aus dem Leben und Handeln des jeweiligen Brief-Autors kann sich der Schüler schnell in einer **kurzen Vita** auf den Seiten 5 – 7 informieren. Diese Viten sind bewusst ganz knapp gehalten, um bei den Schülern nicht eine apotreptische Wirkung zu erzielen, sondern ihre Benutzung schmackhaft zu machen.

1.4.7 Zu **Material, Transport und Zweck** der Briefe, auf deren Erläuterung, wie schon oben erwähnt, im Vorspann verzichtet wurde, liefert die **Einheit I** in Original-

Brief-Auszügen von Cicero und Plinius alle wichtigen Informationen. In dieser Einheit I finden sich auch Texte zur Grundhaltung, zum privaten bzw. öffentlichen Charakter von Briefen.

1.4.8 Nach jeder größeren Einheit (bei längeren Einheiten auch nach inhaltlich zusammengehörigen Texten) folgen **Aufgaben zur Text-Interpretation,** in die auch dem gleichen Zweck dienende sprachliche Aufgaben eingebaut sind. Weitere Anregungen in dieser Hinsicht finden sich bei der Aufbereitung der einzelnen Kapitel in diesem Lehrerheft.

1.4.9 Als Zusatzangebot finden sich auf den S. 92 – 97 **Begleittexte,** und zwar sowohl aus der Zeit unserer Briefautoren wie auch aus späteren Jahrhunderten bis in die Neuzeit (gegebenenfalls mit deutscher Übersetzung), wobei dem Angebot von **fiktiven Briefen des großen Humanisten Francesco Petrarca,** an die Brief-Autoren des Bandes ins Jenseits gerichtet, besondere Bedeutung zukommt. Aber auch die Beschreibung des Vesuv-Ausbruchs von 1944 durch den italienischen Romancier Curzio Malaparte, deren Aufnahme von einem Gutachter angeregt wurde, ist für die Behandlung des entsprechenden Plinius-Briefs sehr aufschlussreich. Insgesamt sollen diese Begleittexte bei besonders wichtigen und bedeutenden Briefen eine breitere Grundlage für die kritische Bewertung und Beurteilung liefern.

1.4.10 Auf die Möglichkeit, weiteres **Text-Material aus dem Lehrerheft** (am Ende des Hefts, S. 99–104) einzusetzen, wo sich besonderes Interesse der Schüler zeigt, wurde schon oben verwiesen. Bei der Besprechung der einzelnen Kapitel wird suo loco noch darauf eingegangen.

B) Hilfen und Hinweise zur Bearbeitung der einzelnen Kapiteleinheiten

1. Zum Aufbau der Hilfen und Hinweise in den Kapiteln

Das Lehrerheft ist im nachstehenden Teil 'Hilfen und Hinweise zu den Kapiteln' bei allen Texten in folgender Weise stets gleich aufgebaut:

- etwaige Vorbemerkungen (z.B. zu spezieller Literatur)

- a) *Didaktische Begründung*, in welcher die Auswahl des jeweiligen Texts für die Alters-/Jahrgangsstufe erläutert und begründet wird.

- b) *Einstieg*: in diesem Teil werden Möglichkeiten für die Einstimmung in eine Text- oder Stundeneinheit aufgezeigt. Vor allem werden auch die Möglichkeiten dargelegt, wie man die daraufhin angelegte Bebilderung für diesen Zweck nützen kann.

- c) *Textaufbau und Interpretationslinien*: Wo immer dies richtig schien, sind Hinweise für den Textaufbau mit seinen Einzelteilen und seinen Strukturen gegeben. Günstige Wege für die Interpretationslinien werden aufgezeigt, Vorschläge für mögliche Tafelbilder unterbreitet. Wo dies angebracht war, sind mögliche Aufgabenstellungen für die Schüler erwähnt.

- d) Unter diesem Punkt geht das Lehrerheft auf die *sprachliche Arbeit* ein und zeigt folgende Möglichkeiten oder Notwendigkeiten auf:
  - Vorschläge und Modelle für Strukturbilder, wo dies angebracht ist;
  - Aufzeigen des Zusammenhangs zwischen den verwendeten Redefiguren und der Wirkungsabsicht des Autors;
  - Möglichkeiten und Beispiele für die Wiederholung wichtiger grammatischer Erscheinungen u.a.m.

- e) Es werden Hinweise für den möglichen *Einsatz der Begleittexte* (B) zum besseren kritischen Verständnis der Haupttexte aufgezeigt.

- f) Wo dies hilfreich schien, *werden Vorschläge für Übersichten, Arbeitsblätter und Zusammenfassungen* zu Einzeltexten oder Kapiteleinheiten vorgelegt.

Alle diese Teile erscheinen immer unter dem gleichen Leitbuchstaben. Wenn für die jeweilige Kapiteleinheit oder den jeweiligen Text bei einer der genannten Rubriken (a–f) kein Bedarf besteht, entfällt diese; die übrigen Teile ändern aber die Buchstabenbezeichnung nicht.

2. Einzelübersicht über die behandelten Briefe

3. Überlegungen und Hinweise zur Lektüre der einzelnen Kapitel

Themeneinheit I

Material, Transport und Risiken, Grundhaltung und Wirkungsabsicht des antiken Briefs

Allgemeine Literatur zum Thema dieser Einheit:
Lexikon der Alten Welt (s. Lit. Verz.): Stichwort 'Brief'
Der kleine Pauly (s. Lit. Verz.): Stichwort 'Epistolographie'

Zusammenfassende Übersicht über die Einheit I

Wie schon im Vorspann erläutert, soll die Einheit I in verschiedener Hinsicht in die Brieflektüre einführen: All die Informationen zur Brief-Lektüre wie z.B. Material, Transport, Risiko, Vertraulichkeit oder Öffentlichkeit der Briefe, die man sonst in einem längeren Vorspann erhält, werden aus Original-Stellen der Brief-Autoren mit nur wenigen Informations-Teilen erfahren und erlernt (Näheres ↗ Vorspann im Textband und die nachfolgende didaktische Begründung).

T1 Cicero zu Material und besserer Lesbarkeit seiner Briefe

a) Didaktische Begründung:
Bei einer Ausgabe der Antiken Briefe, in welcher die drei Haupt-Briefautoren Cicero, Plinius und Seneca in einem Band zusammengefasst sind, wäre es von vorneherein aus Raumgründen unmöglich gewesen, umfangreiche Erläuterungen über Materialien und Grundlagen des Briefs zu geben.
Es lag aber auch nicht im Sinne des Bearbeiters so vorzugehen; im Gegenteil: er wollte gerade diese Grundlagen anhand von Originaltexten vermitteln. Dies hat nämlich zwei Vorteile:

- zum einen werden auch diese Grundlagen schon am lateinischen Text erarbeitet;
- zum andern können sich die Schüler so anhand von kurzen, nicht allzu schweren Texten in den Brief-Stil einlesen.

So wurden aus ganz verschiedenen Briefen passende kurze Auszüge ausgewählt und in Einheit I vorgestellt, welche vom Material der Briefe bis zur Grundhaltung und Wirkungsabsicht alle Vorkenntnisse vermitteln sollen, die für eine sinnvolle Lektüre benötigt werden, wobei die entsprechenden Abbildungen eine sehr wichtige Rolle spielen.

b) Einstieg:

Der Einstieg erfolgt am besten über die beiden Abbildungen mit der Papyrus-Staude. Der erste Text (Ad Quintum fratrem II, 15,1) befasst sich mit den Briefmaterialien *calamus, charta dentata, atramentum temperatum.*

Zur *charta,* also eigentlich zum Papyrus-Papier können die genannten Abbildungen verwendet werden. Über die Herstellung der *papyri* gibt der Vorspann-Text Aufschluss.

Zur Tinte *(atramentum)* oder besser gesagt, zur Tintenherstellung kann man kurz erläutern, dass dafür (Kien- oder Ofen-) Ruß oder Gummiwasser, z.T. auch Harz, Leim und andere Materialien verwendet wurden. Die trocken käufliche Tinte wurde vor Gebrauch angerieben. Auch rote Tinte war schon den Ägyptern und im Rom der klassischen Zeit bekannt (↗ Ovid, trist. 1,1,7).

Die ebenfalls schon bei den Ägyptern bekannten Federn *(calami)* wurden aus importiertem oder heimischem Rohr *(calamus)* geschnitten; vorne waren sie gespalten. Wenn sie stumpf geworden waren, spitzte man sie mit Bimsstein wieder zu.

c) Textaufbau und Interpretationslinien:

Ciceros Bruder hat offensichtlich die schlecht lesbare Schrift im letzten Brief beklagt und Cicero entschuldigt sich wegen seiner Unachtsamkeit bei der Auswahl der Feder. Zugleich macht er deutlich, dass die schlecht lesbare Schrift keineswegs auf Überlastung oder einen affektiven Zustand wie z.B. Verärgerung zurückzuführen ist.

T2 Ein eilig abgefasstes Brieftäfelchen an einen Freund

b) Einstieg:

Mit der Abbildung (S.15) ‚Wachstäfelchen' kann man das *exarare* sehr schön verdeutlichen und herausarbeiten.

c) Textaufbau und Interpretationslinien:

Inhaltlich abgesehen von der Sachinformation unwesentlich kann der Text nach der Sacherläuterung schnell abgehandelt werden.

T3 Briefboten, Brieflauf und -transport

a) Didaktische Begründung:

Die drei Teiltexte geben doch eine Fülle von Material für das Vertrautmachen mit dem Thema der Überschrift her.

b) Einstieg:

Der Einstieg kann wieder über die Abbildung der beiden Reisewägen erfolgen, die ja dann in den Texten eine Rolle spielen.

c) Textaufbau:

Alle für das übergeordnete Thema wichtigen Begriffe sind in den Texten angesprochen und werden herausgearbeitet (vielleicht auch an der Tafel angeschrieben), nämlich:

- *complicare epistulam, tabellarius;*
- *spatium temporis, tabellarius festinans et diligens, quid impedimenti;*
- *colligo te iam recepisse, commoratio tabellariorum;*

Und für die Beziehung zwischen den Briefschreibern sind folgende Ausdrücke interessant:

- *qua lecta valde dolui;*
- *implevi promissum priorisque epistulae fidem exsolvi;*
- *tuae nunc partes (sunt); remunereris; uberrimae (epistulae);*
- *multa coniecta sunt aliud alio tempore;*

d) zur sprachlichen Arbeit:

Es wäre folgender Arbeitsauftrag möglich: Schreiben Sie aus den bisher gelesenen Texten (I T1–3) alle verwendeten Redefiguren zusammen und begründen Sie deren Verwendung! In Frage kommen:

neque occupatus, neque perturbatus, neque iratus (T1, Z. 3–4)
aliud alio tempore (T3.3, Z.2)

f) Zusammenfassung:

Nach Abschluss der drei ersten Kapitel der Einheit I könnte man sich folgende zusammenfassende Übersicht über 'Materialien des Briefs' und seinen Transport zugleich als spezielle Wortspeicherwiederholung vorstellen:

1. Briefmaterialien	
Schreibgerät:	*calamus* (aus Rohr zum Schreiben mit Tinte) *stilus* (Griffel aus Metall oder Horn zum Einritzen der Worte in das Wachs der Täfelchen)
Schreibmittel:	*atramentum* (Tinte aus Ruß und Gummiwasser/Harz *cera* (Wachs, mit dem die Täfelchen bestrichen wurden)
Schrift-Auflage:	*charta dentata* geglättetes (Papyrus-)Papier *codicilli / pugillares* (Täfelchen, auf denen das Wachs aufgetragen wurde)
Briefsäcke/: **-Behälter:**	*capsa* (Rolle zum Aufbewahren der Papyrusblätter) *fasciculus* (zusammengeschnürtes Brief-Bündel)

2. Brieftransport	
Zusteller:	*tabellarius* (Briefbote, Adj.: *diligens, festinans*); auch *nuntii, pueri*
Schreibgehilfe:	*librarius* (Sekretär)
Transportmittel:	*currus* (zweirädriger, oben offener Wagen) *plaustrum* (zweirädriger, gedeckter Lastwagen/Karren) *carrus* (gallischer, vierrädriger Lastwagen/Karren)

Zugleich könnte man zu Beginn der Brief-Lektüre die später immer wiederkehrenden speziellen Verben in einer Zusammenfassung bewusst machen und festhalten:

3. Verben im Briefbereich	
Briefe schreiben – erwidern – erhalten:	*litteras/epistulam dare, scribere (sua manu), dictare, exarare – rescribere, reddere, referre* (ein zweites Mal aufgeben) – *accipere, recipere*
Briefe zusammenfalten (in den Briefsack) werfen:	*complicare* *conicere*

T4 Verzögerung, Risiko und Verlust von Briefen

a) Didaktische Begründung:
Den Schülern darf ruhig, ja muss bewusst werden, mit welchem Risiko in der damaligen Zeit Briefe versandt wurden.

b) Einstieg:
Schon in T 3.3 war mit der Formulierung *propter commorationem tabellariorum* von Briefverzögerung die Rede; von daher kann man zum Thema von T4 überleiten.

c) Textaufbau und Interpretationslinien:
Bei T4.1 ist erstmals vom Verlust von Briefen die Rede *(plures... non acceperam).* Cicero nennt auch einen Aufgabeort.

4.2 bringt dann einen noch erstaunlicheren Vorgang: ein von Cicero postwendend geschriebener Antwortbrief ist bei seinem Bruder nicht ausgeliefert worden, sondern zu ihm selbst mit einem ganzen Bündel von Briefen zurückgekommen. Cicero sendet ihn erneut ab.

In 4.3 steigert sich das noch: Cicero ist sich ziemlich sicher, dass das Gerücht von der Amtszeitverlängerung seines Bruders um ein Jahr diesen eher erreichen wird als seine briefliche Nachricht; die *fama* ist schneller als alle *nuntii* !
Dennoch – und das zeigt die persönliche Verbundenheit von Absender und Adressat – schreibt er auch noch einen Brief *(a me quoque tibi perferri oportere)*, weil er glaubt, das seinem Bruder schuldig zu sein.

T5 Schreiben oder Diktieren?

<u>*zu a) bis c):*</u>
Diese interessante Information über das Thema 'Briefe schreiben oder diktieren' bedarf keiner weiteren Besprechung und kann kurz abgehandelt werden. Es ist klar, dass in jener Zeit die eigene Handschrift beim Briefe-Schreiben einer Bevorzugung gleichkam. Völlig unserer Zeit gemäß ist die Darstellung von Stress *(ne paulum quidem me otii habuisse... paulum (otii habuisse))*.

T6 Intimität und Vertraulichkeit, Grundhaltung und Wirkungsabsicht des Briefs

<u>*a) Didaktische Begründung:*</u>
Mit den Texten T6 (1–5) und T7 kommt die Darstellung der Einheit I zu ihrem Kernthema, nämlich zum Zweck und zur Grundhaltung von Briefen. Diese zu erkennen und abzuklären ist eine Voraussetzung für die Behandlung und das Verständnis von Brieftexten durch die Schüler.
Dabei muss ganz sicher auch auf den besonders persönlichen und vertraulichen Briefstil Ciceros eingegangen werden. Das wird ja auch mit der Abbildung des Brief-Autors zum Ausdruck gebracht.

Das Gegenstück finden wir dann in T7, wo sich der jüngere Plinius über die bewusste Auswahl und Aufbereitung seiner Briefe für die Öffentlichkeit auslässt.

T6.1 <u>*b)/c) Einstieg und Textaufbau:*</u>
Am besten kann man hier von den Formulierungen des Texts her in die Arbeit eintreten. Die Wendungen (in T 6.1)

nihil occultans, nihil dissimulans, nihil tibi indulgens

belegen eine zum Wesen des Briefs gehörende Eigenschaft, nämlich für *die unter vertrauten Personen übliche nicht für andere bestimmte Offenheit und Deutlichkeit.*

T6.2 <u>*c) Textaufbau und Interpretationslinien:*</u>
In T6.2 kommt dann als weiterer Wesenszug des Briefs die *Vertraulichkeit* hinzu. Dabei kann man auf das vorangegangene Thema 'Risiko' noch einmal zurückgreifen.

T6.3 Mit *examinare iudicio amicorum* wird in T 6.3 dann vom Politiker Cicero die Notwendigkeit angesprochen, alle eigenen Intentionen von vertrauten Personen erst im

Brief prüfen zu lassen, ehe man an die Öffentlichkeit geht. Der Brief ist ja eben die vertrauliche Auseinandersetzung zwischen Freunden.

T6.4 Einen weiteren Aspekt und Zweck des Briefs liefert dann T6.4 mit der Formulierung *certiores facere absentes.* Es geht also um *Information und Benachrichtigung* abwesender Personen.
Im gleichen Text spricht Cicero vom Gehalt und von der Gestaltung von Briefen, ob nämlich Inhalt und Form *freundschaftlich-heiter* oder *distanziert* (wie man *severus* als Gegensatz zu *familiaris* hier wohl übersetzen muss) und *ernst* erscheinen.

T6.5 In T6.5 sind dann die schon in den vorangegangenen Texten angesprochenen wichtigen Wesenszüge des Briefes, nämlich Vertraulichkeit und vertraute Offenheit unter Briefpartnern noch näher definiert in den Formulierungen

- *omnia una communicare, amare,*
- *nihil fingere, nihil dissimulare, nihil obtegere.*

Verstärkt wird das noch durch die Ausdrücke

- *in re publica socius,*
  in privatis omnibus conscius, omnium... consiliorum particeps.

T7 Echter persönlicher oder redigierter, für die Öffentlichkeit bestimmter Brief?

T7 bringt das Gegenstück zu dem echten und persönlich gezielten Brief Ciceros in der Aussage *colligere* und *publicare* (also zusammenstellen und veröffentlichen) des Plinius: Zwar will Plinius sich ausdrücklich nicht auf eine saubere zeitliche Ordnung der Briefe einlassen *(non servato temporis ordine)*, er betont sogar ausdrücklich, dass er keine *historia* schreiben will, aber das *publicare* steht da, ja er stellt sogar eine Erweiterung der Sammlung *(requiram und si quas addidero)* in Aussicht. Man kann also davon ausgehen, dass Plinius von vorneherein seine Briefe für die Veröffentlichung bestimmt hat. Die Forschung nimmt sogar an (M. Ludolph, Epistolographie und Selbstdarstellung, Untersuchung zu den 'Paradebriefen' Plinius' des Jüngeren, Classica Monacensia 17, Tübingen 1997), dass gerade die Behauptung des Plinius in diesem Brief I 1, er habe seine Briefe ohne Überarbeitung ediert, als Beleg für das Gegenteil, nämlich ihre bewusste literarische Gestaltung gelten muss. Dementsprechend zeichnet der Autor darin auch sein Persönlichkeitsbild.
Diese bewusste Gestaltung soll bei den Plinius-Briefen im Einzelnen noch sprachlich herausgearbeitet werden (suo loco).

d) Zur sprachlichen Arbeit:
Es ließen sich folgende Aufgabenstellungen denken:
- Suchen Sie aus den Texten T6.1–5 und T7 alle Redefiguren heraus und benennen Sie diese anhand der Tabelle auf S. 9 (3.1)!
- Welches Pronomen liegt bei folgenden Formulierungen vor
  T 6.4, Z.2: *...si quid esset,...* und T 7, Z.1: *...si quas... scripsissem* ?
- Welche syntaktische Funktion haben jeweils die folgenden Relativsätze?
  T 6.2, Z.2: *quae ego nescire malo* und T6.5, Z.6: *qui mihi... esse soles*

f) Zusammenfassung für die Einheit I (T4–7):

Auch nach den Texten T4–T7 könnte man sich durch Hefteintrag oder Ausgabe von Wiederholungsblättern folgende Zusammenfassung der Inhalte vorstellen:

Grundhaltung und Wirkungsabsicht des antiken Briefs	
Zweck/Ziel:	*certiores facere absentes, si quid est,* *quod eos scire aut nostra aut ipsorum interest*
genera:	*familiare et iocosum* oder *severum et grave* (Definition nach Cicero, ↗ T6.4)
Haltung der Briefpartner:	*nihil occultans, nihil dissimulans, nihil indulgens* *ingenue, fraterneque* (↗ T6.1) *Homo, quocum omnia, quae me cura aliqua afficiunt,* *una communicem* (T6.5, Z 1ff); *qui me amet,* *qui sapiat,* *quicum ego, cum loquar, nihil fingam,* *nihil dissimulem,* *nihil obtegam;* *qui angorem et curam sermone et consilio levat* *in re publica* *socius* *in privatis omnibus* *conscius* *consiliorum* *particeps*

Themeneinheit II

Der Brief als familiäre, persönlich-vertrauliche Mitteilung

Zusammenfassende Übersicht über die Einheit II

Da eine so komprimierte Ausgabe der Briefe Ciceros, Plinius' und Senecas äußerste Einschränkung des Raums erfordert, wurden für die Einheit II „Der Brief als familiäre, persönlich-vertraulich Mitteilung" bewusst die Briefe ausgewählt, die sich mit der Verbannung Ciceros bzw. deren Wirkung auf ihn selbst und seine Familie befassen, also eigentlich auch unter dem General-Thema „Briefe als Spiegelung des politischen Lebens" laufen könnten.
Andererseits sind damit aber Briefe vorgestellt, mit denen sich Cicero hinsichtlich der psychischen Belastung und der demoralisierenden Wirkung des Verbannungsspruchs auf ihn selbst an Mitglieder seiner Familie wendet, und werden so durchaus dem Thema dieser Einheit gerecht.
Da zudem die Verbannung als Brief-Thema keineswegs in einer Brief-Ausgabe fehlen darf, sind sozusagen zwei Fliegen mit einer Klappe geschlagen: Die harten persönlichen Auswirkungen des Verbannungsspruchs für Cicero und seine Familie werden ebenso deutlich wie die zwangsläufig sich ergebenden Folgen im politischen Bereich.

T1.1 Besonders beeindruckend ist Ciceros unverhüllte Darstellung der eigenen Verzweiflung (in T1), vor allem sein zweifelndes Zurückblicken auf den bisherigen Lebensweg und die Frage, ob dieser nicht falsch gestaltet war *(utinam minus vitae cupidi fuissemus).*

T1.2 Im zweiten Text dieser Einheit hält diese schwankende Stimmung an; sogar Zweifel an der nach seiner Meinung von ihm und seiner Frau verdienten Hilfe der Götter werden laut.
Besonders bewegend sind Ciceros zweifelnde Fragen hinsichtlich des Schicksals seiner Frau. Er braucht aber auch dringend ihren Trost in seinem Leid. Immerhin findet er noch Hilfe bei den Menschen, die ihn schätzen gelernt haben und nach wie vor bereit sind, sich – auch unter Gefahren für sich selbst – für ihn einzusetzen.

T1.3 Der Text aus dem gleichen Brief setzt die Gedanken von T1.1 und 1.2 fort und Cicero stellt sehr pathetisch, aber auch ein wenig unkritisch fest, dass nicht Fehler seinerseits, sondern nur sein Festhalten an der *virtus* ihn in diese schlimme Lage gebracht habe.

T2 Auch in diesem Brief an seinen Bruder Quintus überwiegt die pathetische Bemitleidung der eigenen Person, die er dann auf Frau und Kinder überträgt.

T3 Bei Attikus beklagt sich Cicero schließlich darüber, dass man ihm zwar einen Verbannungsbereich zugewiesen habe, ihn aber hindere, in diesen Bereich zu gelangen. Letztlich will er damit sagen: Man will mich auf hinterhältige Weise loswerden. Der Brief endet mit Andeutungen von Selbstmordgedanken.

T4 Als Gegenstück zu Ciceros wirklich familär-vertraulichen Briefen an seine Familie bzw. seinen engsten Freund Attikus bringt T4 einen Brief des Plinius an seine Frau, in dem er, zwar ein wenig arg rhetorisch, mit wohlgeschliffenen Worten, aber doch auch sehr persönlich seine Besorgnis wegen einer Erkrankung darstellt.

T1 Die Verbannung

a) Didaktische Begründung:
Die Darstellung der Verbannung Ciceros gehört schon rein historisch zu den unverzichtbaren Briefinhalten.
Hinzukommt dass Ciceros Stärken und Schwächen, seine Höhen und Tiefen gerade bei den Darstellungen aus dieser Zeit in den ausgewählten Texten in einer Weise deutlich werden, wie das nur im familiär-vertraulichem Bereich möglich ist. In diesem und den folgenden Texten wird aber auch ganz allgemein sichtbar, wie Menschen in schweren Situationen unter dem Druck der Ereignisse reagieren, oder, im negativen Sinn, wie sie reagieren bzw. nicht reagieren sollten. Plötzliches Deutlichwerden des Werts der Familie und der Kinder, das Bewusstwerden eigener jetzt in Zweifel geratener oder als falsch erkannter Handlungen, aber auch die Treueprobe für Freundschaften in schwieriger Situation sind ja nicht ein spezifisches, sondern ein allgemein menschliches Problem.

b) Einstieg:
Der Einstieg kann sowohl über die kurze, situations-skizzierende Vorbemerkung wie auch über die Abbildung, das Fresco von Cesare Maccari aus dem 19. Jahrhundert (↗S. 21 Textband), erfolgen. Beides führt zu den Hintergründen und zum Ursprung des Verbannungsspruchs gegen Cicero.
Wählt man die Abbildung, so könnte sicher die Divergenz zwischen dem hier noch erfolgreichen und in entsprechender Pose auftretenden Konsul Cicero und seinem niedergeschlagen dargestellten Gegner Catilina eine gute Möglichkeit der Hinführung zu dem in diesem und den folgenden Texten sich dann selbst sehr niedergeschlagen äußernden und verzweifelten Cicero abgeben.

T1.1 Cicero klagt sein Leid der Familie

c) Textaufbau und Interpretationslinien:
Der kurze Text dieses Kapitels, bewusst so ausgewählt, um mehr Zeit für die notwendige Einstimmung (↗b) zu lassen, bedarf keiner großen Erläuterungen: der recht klägliche Notruf Ciceros an seine Familie ist auch den Schülern sofort verständlich. Hingegen bedarf die irreale Aussage des zweiten Abschnitts schon eines klärenden Gesprächs; das *utinam minus vitae cupidi fuissemus* muss als kritische

Betrachtung des bisherigen Lebens und der bisherigen nach der momentanen Sicht zu hoch gesteckten Lebensziele erläutert werden.

d) Zur sprachlichen Arbeit:
Unter diesem Punkt geht es vor allem um die schon unter c) erwähnten Irreales, insbesondere um den unerfüllbaren Wunsch seine Vergangenheit betreffend *(utinam ne... tam cupidi fuissemus).*

T1.2 Was bleibt mir noch übrig?

a) Didaktische Begründung:
Zu der weiterhin gültigen Begründung aus T1.1 kommt der wichtige Aspekt des treuen Freundes in der Not hinzu; auch die engere Bindung des Mannes an die Frau in einer Notsituation ist ein nicht unerhebliches Phänomen des menschlichen Lebens.

b) Einstieg
Ein besonderer Einstieg ist nicht notwendig. Will man die Klasse unbedingt erst an den Text hinführen, so kann man von der Abbildung ausgehen und in Anlehnung an den Vorspann zu T1.1 darstellen, wo sich Cicero bei seinem Freund aufhält und wie er seinen weiteren Weg wählen kann und muss (↗Karte S. 104 im Schülerband oder S. 108 in diesem Heft).

c) Textaufbau und Interpretationslinien:
Die drei Abschnitte des Texts sind klar erkennbar:
- im ersten die schon aus 1.1 bekannte Verzweiflung und Notlage Ciceros, die sich vor allem in Zweifeln an der Gerechtigkeit der Götter äußert;
- im zweiten geht es um die Dankbarkeit und Hilfsbereitschaft des M. Laenius Flaccus, die er für Cicero trotz der damit verbundenen Gefahr einer strengen Bestrafung erbringt;
- im dritten wendet sich Cicero rat- und hilflos an seine Frau.

In diesem letzten Abschnitt muss die stark affektive Aussage vor allem über die sprachliche Abklärung (↗d) herausgearbeitet werden.

d) Zur sprachlichen Arbeit:
Die bei diesem Text besonders wichtige sprachliche Arbeit beginnt mit der Klärung der Akkusativ-Formen (als Akkusative des Ausrufs):

o me perditum, o afflictum.

Dann sind Formen und Bedeutung der deliberativen Konjunktive *(rogem – non rogem – sim)* zu wiederholen und abzuklären; im sorgfältigen Gegensatz dazu das *agam,* das als Form Konjunktiv Präsens oder Futur sein kann, de facto aber wohl Futur sein muss ('so werde ich es machen').
Auch das *confirmes* und *adiuves,* das formal wohl beides, Wunsch und Möglichkeit (Optativ und Potentialis), beinhaltet, aber, wenn man von der folgenden imperativen Aussage *fac, venias* ausgeht, wohl als Wunsch oder dringende Bitte übersetzt werden sollte (‚so bestärke und fördere sie').

So kann man diesen Textabschnitt gut zu einer Wiederholung der Funktionen des Konjunktivs Präsens heranziehen, wozu man auch noch das *utinam possimus* aus dem zweiten Abschnitt, Z.9 einbringen kann. Mit dieser sprachlichen Arbeit ist dann auch der Inhalt abgeklärt.

T1.3 Und dann die Sorge um Frau und Kinder

a) Didaktische Begründung:
Auch hier bleibt die didaktische Begründung von T1.1 weiterhin gültig; das affektive Durchleben seiner Notzeit prägt weiterhin den Stil Ciceros.

b) Einstieg:
Die Abbildung (S. 23) bietet eine gute Möglichkeit zum Einstieg in den Text, der sich ja weitgehend mit Ciceros Anlehnungsbedürfnis an seine Frau und Familie befasst. Man könnte hier als Einstieg aber auch (↗Aufgaben zur Interpretation, S. 27, 1.3 b) einmal grundsätzlich Fragen zur Stellung der Frau in Rom durchdiskutieren, z.B.:

- Stimmt der Eindruck, den der Künstler mit der Darstellung auf dem Sarkophag vermitteln will mit dem Bild überein, das sich bei der Lektüre von Texten über die römische Ehe für die Schüler ergab?
- Welches Bild ergibt sich für Ciceros Ehe aus den Texten T1.1–1.3?
- Wie passt Ciceros Einstellung zu seiner Frau, wie er sie im Brief darstellt, zu der Tatsache, dass er sich schließlich von ihr scheiden lässt?

c) Textaufbau und Interpretationslinien:
Im Wesentlichen bleibt der affektiv-irrationale Grundton der Texte T1.1 und T1.2 erhalten (↗unten zu d). Neu kommt eigentlich nur der Versuch Ciceros hinzu, sich mit der Feststellung der eigenen, selbstbescheinigten Ehrenhaftigkeit zu trösten *(sustenta te... honestissime – floruimus – non vitium, sed virtus nostra nos afflixit – peccatum est nullum).* Er fällt aber im Schlusssatz sofort wieder ins Jammern zurück. Dieses sich durch alle drei Texteinheiten von T1 hindurchziehende etwas weinerliche und insgesamt doch charakterschwach wirkende Jammern und Sich-selbst-Bemitleiden sollte, ja muss wohl auch deutlich als einer der Wesenszüge des großen Denkers und Philosophen Cicero herausgearbeitet werden.

d) Zur sprachlichen Arbeit:
Sprachlich gelten für diesen Text fast die gleichen Hinweise wie zu T1.2:
Das beginnt mit den fragenden Futurformen *(fiet – aget),* setzt sich mit den Optativen *(iste vero sit – id velim sit eiusmodi)* fort und mündet schließlich in den auffordernden Imperativ *(sustenta te)* bzw. den Exhortativ *(feramus)* ein. Insgesamt stellen die Texte T1.1–1.3 eine ideale Beispielsammlung zur Wiederholung des Konjunktivs Präsens dar.

T2 Der Verbannte sucht Trost bei seinem Bruder

a) Didaktische Begründung:
Dem vertraulich familiären Brief an den engsten Kreis der eigenen Familie, nämlich Frau und Kinder, wird in T2 nun der Brief an den Bruder gegenübergestellt, um das Verhältnis zwischen den Geschwistern aufzuzeigen. Das ist deshalb besonders interessant und aufschlussreich, weil Cicero auch dem Bruder gegenüber bei seinem stark affektiven Ton bleibt, ja diesen sogar eher noch steigert.

b) Einstieg:
Auch hier kann der Einstieg sehr schön über die Abbildung mit den beiden Geschwistern erfolgen, welche die Bindung in der Familie verkörpern sollen(S. 24).

c) Textaufbau und Interpretationslinien:
Wie schon unter a) angemerkt, beginnt der Brieftext nach einer kurzen Entschuldigung Ciceros für sein Schweigen, die er mit seiner Erschöpfung begründet, wieder in einem so weinerlichen Ton mit so starken Elogen für den Bruder, dass unser Empfinden das kaum als natürlich auffassen kann. Das wird durch die sprachlichen Mittel unterstrichen: Der vierfache Parallelismus *(suavitate, fratrem, aetate prope aequalem, obsequio filium, consilio parentem)* wirkt, so an einen Bruder gerichtet, äußerst emotional, was auch die Schüler sofort erfassen, wenn man sie auffordert, sich in diese Lage zu versetzen und den eigenen Bruder so anzureden. Das setzt sich in der übertriebenen Betonung der nur gemeinsam möglichen Freude fort *(Quid mihi sine te umquam aut tibi sine me iucundum fuit).* Mit Beginn des zweiten Abschnitts fällt Cicero aber sofort wieder in sein Jammern zurück, diesmal, indem er sich in Befürchtungen für seine Familie ergeht.

d) Zur sprachlichen Arbeit:
Auch in T2 kann man die wiederholende sprachliche Arbeit aus T1.1.–1.3 fortsetzen. Das beginnt mit dem Realis *(An ego possum aut non cogitare...)*, der im Deutschen als Möglichkeit zu übersetzen ist ('könnte ich je...'), und kann sich z.B. mit den von den Schülern zu begründenden Konjunktiven *quae... tueretur* fortsetzen.

T3 Gegenüber Attikus äußert Cicero Selbstmordgedanken

a) Didaktische Begründung:
Nach dem sich offenbarenden Brief an Familie und Bruder folgt nun der Brief an den engen Vertrauten und Freund Atticus als Gegenstück, bei dem zu prüfen ist, ob Cicero hier sachlicher wird. Ein Vergleich kann das am besten herausarbeiten.

b) Einstieg:
Genau mit den in der didaktischen Begründung verwendeten Gedanken kann der Lehrer bei T3 auf diesen Text einstimmen, am besten, indem er die Schüler von Anfang an zum vergleichenden Betrachten mit den schon gelesenen Briefen an Bruder und Frau hinlenkt und anregt.

c) Textaufbau und Interpretationslinien:
Hier scheint sich am Anfang doch ein deutlicher Unterschied zu zeigen: Cicero beginnt nicht mit den zuletzt benützten affektiven und emotionalen Formulierungen wie im Familienkreis, sondern mit einer Darstellung der bedrohlichen Situation, in der er sich durch die *rogatio* des Clodius und die daraus resultierende Verbannung befindet *(de pernicie!)*. Historisch interessant ist dann die Tatsache, dass Cicero genau erkannt hat, wie seine Gegner ihn vernichten wollen: Er soll zwar mindestens 400 Meilen von Rom entfernt sein; man will ihn aber in dieses entfernte Gebiet von Malta oder Brindisi aus, wo er sich aufgehalten hat bzw. aufhält, gar nicht erst gelangen lassen. Wohl zu recht vermutet er, dass man plant, in wegen verbotenen Aufenthalts innerhalb der 400 Meilen umbringen zu lassen.
Dennoch endet auch dieser Text emotional: Die Formulierung *me valde paenitet vivere* kann man eigentlich fast nur als Selbstmordgedanken interpretieren. Dem steht freilich entgegen, dass Cicero Attikus dringend zu sich bittet.

f) Zusammenfassung zu T1–T3:
Wenn man die Schüler in den Texten T1–T3 jeweils die ihn selbst charakterisienden Äußerungen Ciceros hat herausschreiben und festhalten lassen, so könnte man alle diese Ausdrücke in einer Übersicht zusammenfassen und so anhand seiner eigenen Äußerungen ein Bild seines Verhaltens und seines Charakters erstellen. Zugleich lernen die Schüler so, einen Text zu analysieren und die Aussagen zu bewerten. Aus selbstkritischen und fremdkritischen Äußerungen, aus Eigenlob und Lob für andere, aus Selbstmitleid und Angst, aus Äußerungen der Furcht und der Kraftlosigkeit ergibt sich ein zwar nicht immer sehr positives, aber doch recht deutliches Persönlichkeitsbild des genialen Redners und Philosophen.
Freilich muss man den Schülern (zumindest anfangs) bei solchen Arbeiten die **Aspekte** vorgeben, unter denen sie die Texte analysieren sollen. Das geschieht am besten mit entsprechenden Fragestellungen (↗ Übersicht nächste Seiten).
Dieses Bild wird noch viel deutlicher, wenn man aus der Themeneinheit IV (T1 ff.) weitere Äußerungen Ciceros und z.B. aus der Beschreibung des Vesuvausbruchs durch Plinius das Verhalten seines Adoptivvaters (VI) in höchster Lebensgefahr daneben stellt und mit Ciceros Verhalten in ähnlicher Lage vergleicht.
Und wenn man dieses Persönlichkeitsbild noch abrunden will, so kann man aus dem Brief des Petrarca an Cicero ins Jenseits (Begleittext B2 auf S. 94 im Textband) die entsprechenden Stellen heranziehen und so auch die Darstellung in der Rezeptionsgeschichte mit einbauen.
Das sieht dann – auch für Schüler dieser Jahrgangsstufe verständlich – etwa so aus, wie auf den beiden folgenden Seiten dargestellt:

Ein Cicerobild aus dem Querschnitt der gelesenen Briefe . . .

Aspekte	CICERO Brief an die Familie: Ad fam. XIV 4,1	 Brief an den Bruder: Ad Quint. fr. I 3,2–3	 Brief an Attikus: Ad Att. III 4,1
1. Kritik Ciceros an anderen:	*neque di neque homines nobis gratiam rettulerunt*		
2. Selbstkritik Ciceros und Kritik anderer an Cicero:	*Utinam minus vitae cupidi fuissemus – Nihil aut non multum mali vidissemus*	*ego ferus et ferreus*	*inconstantiae nostrae*
3. Lob und Dank Ciceros für andere:	*Laenius, qui periculum capitis...neglexerit – amicitae ius praestaret*	*quid mihi sine te umquam iucundum fuit –suavitate fratrem, consilio parentem*	*adhuc invitamur benigne*
4. Selbstlob vs. Kritik anderer:	*viximus, floruimus – non vitium nostrum, sed virtus nostra nos afflixit – peccatum est nulla*		
5. Selbstmitleid Ciceros und Mitleid für andere:	*omnia mihi tempora sunt misera – conficior lacrimis sic, ut ferre non possim*	*quo fletu putas me haec scripsisse*	
6. Kraft- und Hilflosigkeit, Angst Ciceros:	*mihi videbor plane perisse – mihi deest consilium – sin, ut ego metuo, transactum est –me (confirmare) non possum*	*pigritia et quaedam infinita vis lacrimarum et dolorum*	*quod superest, timemus – rogatio de pernicie adlata est –me valde paenitet vivere – Fac modo, ut venias!*
7. aktiv-positive Handlungen:	*cetera, quamquam ferenda non sunt, feramus*		*iter Brundiinum versus contuli*
8. Äußerungen von Furchtlosigkeit und Mut:			
9. Sorge um die Familie und Freunde:	*te confirmo, mea Terentia – Quid mea Tullia fiet? – Cicero meus, quid aget?*	*an ego possum aut non cogitare de te aut sine lacrimis – desidero filiam*	*iter Brundisinum versus contuli, ne et Sicca periret*

. . . und im Vergleich die Sicht anderer zu seinem Verhalten

Brief an Attikus: Ad Att. I 18,6 / VII 3, 2–5	Petrarca über das Verhalten Ciceros XXIV 3	Plinius über das Verhalten seines Adoptivvaters VI 16
„politikos aner oud' onar" quisquam inveniri potest – Pompeius togulam pictam silentio tuetur – (zu Caesar) *homo audacissimus*	*omitto Dionysium, fratrem tuum, ... omitto Dolabellam, quos nunc laudibus ad caelum effers, nunc repentinis maledictis laceras*	
	errorum tuorum pudet et miseret – te falsus gloriae splendor bellis adulescentium implicuit et per omnes iactatuum casus ad indignam... mortem rapuit	
(Cato) *unus est, qui curet constantia magis et integritate quam consilio et ingenio*		
ne tu haud multum requireres illum virum, qui in sexto libro... – me esse cum imperio putas utilius esse	*o praeceps et calamitose senex – Quid tibi tot contentionibus et nihil profuturis simultatibus voluisti*	
	miserabiliter lapsus es	
	inquiete et anxie senex	
		obit maximo animo – rectum cursum in periculum tenet
		properat illuc, unde alii fugiunt. – solutus metu – quievit verissimo somno – apud illum ratio rationem vicit, apud alios timorem timor –
		accipit codicillos Rectinae Tasci imminenti periculo exterritae ascendit quadriremes laturus... auxilium

T4 Plinius sorgt sich um seine erkrankte Frau

Zur speziellen Literatur:
s. Ergänzendes Literaturverzeichnis auf Seite 106/107, Ziffer 3,4

a) Didaktische Begründung:
Dem sehr emotionalen Briefen Ciceros an seine Familie wird nun ein durchaus auch sehr persönlicher Brief des Plinius an seine Frau gegenübergestellt, wobei freilich einige deutliche Unterschiede festzustellen sind:

- zum einen ist Plinius keineswegs in einer so angespannten Situation wie Cicero bei seiner Verbannung;
- zum andern darf man annehmen, dass Plinius zu seiner Frau ein gutes Verhältnis hatte, sicher ein besseres als Cicero, dessen Ehe ja mit Scheidung endet;
- schließlich wurde ja schon in der Texteinheit I (↗ I T7) klar, dass Plinius seine Briefe ganz bewusst für die Öffentlichkeit formuliert und überarbeitet hat, also sicher mit mehr Zurückhaltung formuliert als Cicero, dessen Briefe viel intimer gehalten waren.

So scheint eine Gegenüberstellung und ein Herausarbeiten des Unterschieds zwischen der jeweiligen Persönlichkeit wichtig und notwendig.

b) Einstieg:
Über die Abbildung mit den beiden hübschen, spielenden Mädchen (S. 26) hat man eine gute Möglichkeit in den Text hinzufinden. Da Plinius im Inhalt durchaus auch für Jugendliche in einem sehr herzlichen und warmen Ton schreibt, versuchen die jugendlichen Leser sicher auch, sich diese Frau vorzustellen. Davon ausgehend kann man die Abbildung besprechen und zum Text übergehen.

c) Textaufbau und Interpretationslinien:
Der erste Abschnitt macht die Situation mit den Formulierungen *quid viribus, quid corpusculo apparares* deutlich: Plinius' Frau ist erkrankt und Plinius macht sich Vorwürfe, dass er wegen seiner Verpflichtungen seine Frau nicht zu ihrer Kur in Campanien begleiten konnte.
In seine Sorge mischen sich freilich auch kritische Gedanken *(ecquid secessus voluptates regionisque abundantiam inoffensa transmitteres).* Wenn man hier den Brief Senecas über die Verlockungen der römischen Badeorte (T6) heranzöge, so könnte man auch an den berühmt-berüchtigten „Kurschatten" denken, vor dem Plinius Angst hat. Das *inoffensa transmitteres* könnte ja auch einen derartigen ‚Schaden/Schatten' meinen.
Dies gilt umso mehr, als Plinius im zweiten Abschnitt seine große Liebe zu seiner Frau sehr deutlich ausspricht *(ardentissime diligas)* und offensichtlich sehr unter der Trennung leidet *(etiam fortem te non sine cura desiderarem).* Er bringt dies mit der Redefigur *vereor omnia, imaginor omnia, fingo (omnia)* noch deutlicher zum Ausdruck, wobei *imaginor omnia* schon ein wenig den ‚Kurschatten' mit einschließen könnte.
Deutlich kennzeichnet er aber auch sein Verhalten als affektiv, wenn er von *quaeque natura metuentium est* spricht. Sehr liebevoll wirkt der Schluss des Briefes mit der Aufforderung, ihm täglich zu schreiben.

d) Zur sprachlichen Arbeit:

Wie in fast jedem Plinius-Brief finden sich viele Möglichkeiten zur sprachlichen Wiederholungsarbeit und zur Verdeutlichung des Stils. Insbesondere bietet sich hier die wiederholende Besprechung von Redefiguren an:

- *aut proficiscentem te... prosequi*
  aut profectam subsequi.

- *quid viribus*
  quid corpusculo apparares
  quid denique... transmitteres

- *vereor omnia – imaginor omnia*

- *ea maxime mihi,*
  quae maxime abominor, fingo

Hier kann man den Schülern durchaus zumuten, die Wirkungsabsicht des Autors bei der Verwendung dieser Redefiguren zu erkennen. Dies gilt auch für die bei Plinius besonders bewusst angewandte Wortstellung.

Themeneinheit III

Die Darstellung römischen Lebens in Briefen

Zusammenfassende Übersicht über die Einheit III

In den für die Schullektüre vorgesehenen Briefen wird das römische Leben in sehr vielfältiger Weise dargestellt. So mussten und konnten für diese Einheit III nur möglichst bedeutende Formen und wesentliche Bereiche ausgewählt werden. Dafür kam vor allem Plinius in Frage, der diese Lebensformen besonders anschaulich und lebendig schildert. Aber auch bei Cicero finden sich Passagen, die zu diesem Thema passen und zudem einen Vergleich zwischen den beiden Autoren ermöglichen.

T1 Für Schüler kam dabei vor allem auch die Darstellung von Schul- und Bildungsproblemen in Betracht, wie sie z.B. in dem hier aufgenommenen Plinius-Brief IV 13 sehr anschaulich fast schon als historisches Dokument zum Ausdruck kommt.

T2 Der Brief I 9 des Plinius setzt sich mit den Alternativen Stress oder Beschaulichkeit auseinander und fragt, wie weit man mit dem einen oder anderen gehen darf, wo man Grenzen ziehen muss. Kern des Texts ist die Aussage *Satius est enim otiosum esse quam nihil agere.*

T3 Bei dem Thema ‚Bewusste Gestaltung des Alters' erhebt sich natürlich vordergründig die Frage, ob dies das richtige Thema für junge Menschen ist.
Wenn aber dann das Leben der Jugend mit der Formulierung *confusa quaedam et turbata* gekennzeichnet und so akzeptiert wird, während für das Alter *senibus placida omnia et ordinata conveniunt* vorgegeben ist, dann wird schnell deutlich, dass auch junge Menschen unserer Zeit hier angesprochen sind und den Weg von *confusa/turbata* zu *placida/ordinata* finden müssen. Hinzukommt auf sehr ernste Weise die Auseinandersetzung mit der bekannten Sentenz

Sit mens sana in corpore sano

als Leitbild für ein richtig gestaltetes und ins Alter hinübergeführtes Leben.

T4/5 Das dritte Thema dieser Einheit bilden die Beschreibungen des Plinius und des Cicero von römischen Landhäusern. Dies ist an und für sich schon ein auch für junge Menschen interessantes Thema. Bezieht man dann noch ein, dass gerade diese Landhäuser einen weiten Bereich römischer Kultur umschließen, Auskunft über die Lebensweise vieler Römer geben und einen Gegenpol zu den *res publicae* bilden, so dienen solche Briefe sicher dem Abrunden des Gesamt-Themas der Einheit.

T1 Schul- und Bildungsprobleme

Spezielle Literatur zum Brief IV 13 des Plinius:
s. Ergänzendes Literaturverzeichnis Seite 106/107, Ziffer 3.4

a) Didaktische Begründung:
Wie schon oben auf der Vorseite bei der Zusammenfassung der Einheit erwähnt, kann es für Gymnasiasten wohl nicht uninteressant sein, etwas über diese Probleme, über die Art, wie römische Kinder erzogen und ausgebildet wurden, zu erfahren. Verschiedene Fragen stellen sich:

- Sollen junge Menschen an ihrem Wohnort in die Schule gehen und welche Vorteile hat das?
- Wer soll und muss die Schule finanzieren?
- Welche Verantwortung tragen die Eltern?
- Wo und wie findet man den idealistischen Lehrer?

Schulfinanzierung, Schulaufwandsträger, Elternverantwortung und Lehrereinstellung sind ja auch in unserer Zeit immer wieder im Gespräch.
Wenn dann noch hinzukommt, dass sich Plinius an einen ganz besonderen Briefpartner, nämlich den berühmten Historiker Tacitus wendet, dass er seine Bekanntschaft mit ihm und dessen Ansehen für die Gewinnung guter Lehrer nützen will, so wertet das diesen Brief noch zusätzlich auf und sollte genügend Motivation für die Lektüre geben.

b) Einstieg:
Der Einstieg in den Text kann auf vielfältige Weise erfolgen:

- Da sind einmal die Abbildungen auf den Seiten 28 und 30, von denen vor allem die letztere junge Menschen unserer Zeit sicher sofort zum Widerspruch und zu einer Diskussion über die Prügelstrafe herausfordert.
- Der Lehrer könnte aber auch Schüler mit Referaten zu den Themen *Form, Finanzierung und Trägerschaft* römischer Schulen in der republikanischen und der Kaiser-Zeit betrauen, die sich mit Hilfe der Real-Lexiken in der Studienbücherei ohne weiteres erstellen ließen.
- Sollten schon Texte von Tacitus gelesen worden sein, kann man den Einstieg auch von da her vollziehen und dann gleich mit dem Text T1.1 beginnen. Auch Novum Comum und Mediolanum (Mailand) bilden in diesem Zusammenhang ein Reiz- und Stichwort (↗ Karte, S.104 im Textband).

T1.1 Warum müssen unsere Kinder auswärts zur Schule gehen?

c) Textaufbau und Interpretationslinien:
Eine Begegnung beim Besuch seiner Vaterstadt Novum Comum am Comer-See lässt Plinius über die dortigen Schulprobleme nachdenken. Dabei geht es in T1.1 vor allem um das Thema 'Schule am Heimatort' oder 'Einschulung nach auswärts'. Dies drückt Plinius auch sprachlich und rhetorisch sehr drastisch und geschickt aus:

Cur non hic (studes)? – hic potissimum – ubi enim iucundius morarentur quam in patria – ubi pudicius continerentur quam sub oculis parentium – ubi minore sumptu quam domi

Also eine klare Entscheidung für die Schule am Heimatort, an dem Plinius immer noch sehr hängt. Deshalb auch wendet er sich an seinen Freund, den Historiker Tacitus.

T1.2 Die Eltern müssen in Verantwortung genommen werden

c) Textaufbau und Interpretationslinien:

Die Frage nach der Errichtung einer Schule am Heimatort in T1.1 führt zum Problem der Finanzierung *(collata pecunia)* der Schule.

Plinius macht darauf aufmerksam, dass ja auch in der derzeitigen Situation Geld für Unterkunft, Schulweg-Kosten und Ernährung aufgebracht werden muss, und meint, dass man diesen Geldern nicht mehr allzu viel zulegen müsste, um die Kosten für einen am Ort beschäftigten Lehrer aufbringen zu können. Indem er noch einmal die Bedeutung der Heimatnähe *(patria)* betont, sichert er zu, obwohl selbst noch ohne Kinder, doch auch etwas für die Einrichtung der Schule beisteuern zu wollen.

Freilich verweist er sogleich auch auf die Gefahr des Missbrauchs solcher Spenden *(ambitu corrumperetur, ut accidere... video)*, wie sie anscheinend damals gang und gebe waren, wo immer Lehrer auf öffentliche Kosten angestellt wurden. Deshalb allein schon müssen nach seiner Ansicht die Eltern 'Sach- und Personal-Aufwandsträger' sein, wie man heute sagt, weil sie dadurch ganz von selbst (in Verantwortung für ihr Geld) zu sorgfältigen Sachwaltern werden.

Schließlich bringt Plinius das Anliegen insgesamt noch einmal auf die Schiene *liberi – patria* und erneuert die Gedanken aus Text 1.1:

*Educentur **hic**, qui **hic** nascuntur,*
*statimque ab infantia **natale solum** amare,*
frequentare consuescant
*in finitimis oppidis studia **hinc** petantur,*
*... mox alieni **in hunc locum** confluant.*

Also eine recht 'patriotische' Einstellung mit viel Engagement für die Heimatstadt Novum Comum.

An dieser Stelle kann man gegebenenfalls auch einen Vergleich zur Situation der deutschen Schulen vor der Errichtung der Schulverbände ziehen und Vor- und Nachteile einer Kleinst-Schule im Dorf diskutieren.

T1.3 Wir brauchen Idealisten als Lehrer

c) Textaufbau und Interpretationslinien:

Mit diesem Text kehrt der Brief wieder zum Ursprung, dem Schreiben an Tacitus, zurück. Plinius bringt noch einmal sein Anliegen vor:

gratum mihi foret, si susciperes, quod iniungo...
ut ex copia studiosorum... circumspicias praeceptores...

Dabei hofft er auf das Ansehen des Tacitus

quae ad te admiratione ingenii tui convenit...

Freilich fügt er vorsichtig hinzu, dass dies ohne Verpflichtung für ihn selbst laufen muss *(ne cui fidem meam obstringam)*. Das *omnia libera parentibus servo* klingt da schon fast ein wenig gekünstelt, auch wenn er mit verstärkendem Parallelismus *illi iudicent, illi eligant* betont: *ego mihi curam tantum et impendium vindico.*
Die mehr als heikle und schwierige Situation der damaligen Lehrer wird aus der Formulierung

hinc nihil aliud certum quam fiduciam suam ferat

ersichtlich.

f) Zusammenfassung von T1.1–1.3:
In einer Übersicht (eventuell als Tafelbild oder Arbeitsblatt) könnte man die in T1 angesprochene Thematik mit der folgenden Tabelle für die Schüler zusammenfassen. So wird nicht nur das Ganze inhaltlich nochmals wiederholt und befestigt, sondern auch der verwendete Wortschatz verankert.
Falls man diesen Text 1 durch Referate der Schüler zum römischen Erziehungswesen eingeleitet hat, so kann jetzt sozusagen der Inhalt der Referate durch die Original-Aussagen des Plinius noch einmal überprüft und wiederholt werden.

Text-stelle:	**Thematik:**	**Formulierungen:**	**Begründung:**
1.1	Schule im Dorf	*hic potissimum discere*	*iucundius morari* *pudicius contineri* *minore sumptu (domi)*
1.2	Beitragspflicht der Eltern	*collata pecunia* *adicere mercedibus*	*in viatica, in ea quae peregre emuntur, in habitationes impenditis*
1.2	Sponsoren (auch Plinius)	*paratus sum dare* *tertiam partem*	*pro re publica nostra* *quasi pro filia vel parente*
1.2	Elternrecht u. -verantwortung	*ius conducendi* *religio recte iudicandi*	*ambitu corrumpi – diligentes erunt – dabunt operam, ne eam pecuniam non nisi dignus accipiat*

T2 Stress und Nichtigkeit der Alltagsgeschäfte

a) Didaktische Begründung:
Zwei Themen dieses Texts sind auch für junge Menschen unserer Zeit durchaus aktuell und darstellenswert:

- Da ist einmal die Auseinandersetzung mit dem Stress, geradezu ein Charakteristikum unserer Zeit mit all ihrer Termingebundenheit.
- Und zum andern stellt sich heute so aktuell wie noch nie zuvor die Frage nach der rechten Abgrenzung zwischen Pflichten und der notwendigen Erholung, dem Finden des rechten Maßes zwischen *negotium* und *otium*. Damit ist ja zugleich eine Wertfrage gestellt, die auch Plinius mit dem *ratio constat* bzw. *non constat* aufgreift.

b) Einstieg:
Man kann ohne besondere Vorbereitung sofort in die Übersetzung einsteigen; mit dem ersten und zweiten Satz des ersten Abschnitts sind ja sofort die beiden unter a) genannten Hauptthemen angesprochen.
Eine andere Möglichkeit wäre es, irgendwie aus der Situation heraus das Thema Stress aufzugreifen, kurz anzudiskutieren und dann zum Übersetzen überzugehen.

c) Textaufbau und Interpretationslinien:
Der Text ist, wie schon unter b) dargelegt, sehr sauber gegliedert:

- Der erste Abschnitt (Z. 1–6) spricht den Stress des Plinius in der Ausübung seiner politischen Amtspflichten (↗auch II T4, Z.1) an und nennt einige dieser Aufgaben. Zugleich wird die Frage nach dem tieferen Sinn dieser Tätigkeit angedeutet: Geht diese Rechnung auf? Kann man damit zufrieden sein oder nicht?
- Der zweite Abschnitt erörtert mit den Stichworten
  necessaria (für die Pflichterfüllung) bzw.
  inania/frigida (als kritische Hinterfragung des monotonen Arbeitsablaufs)
  diese gestellte Frage. Vor allem in Zeiten der Ruhe und Abgeschiedenheit wird es schwer, Notwendigkeiten einzusehen.
- Dieser Idealzustand wird dann im dritten Abschnitt näher beschrieben.
- Schließlich spricht sich Plinius in einer sehr affektiven Weise *(inanem discursum et ineptos labores)* für den höheren Wert des *otium* aus, vor allem wenn es mit *studia* verbunden ist.

Mit dem Schlusssatz *Satius est enim otiosum esse, quam nihil agere* bringt Plinius noch einmal klar seine Stellungnahme zum Ausdruck: ein richtiges *otium* ist eine besonders wertvolle Lebensform. *Nihil agere* kann man sowohl auf ein totales Nichtstun beziehen, das mit *otium* nichts zu tun hat, wie auch auf *negotium.* Für letzteren Fall muss man annehmen, dass Plinius die politische Tätigkeit in Frage stellt. Wahrscheinlicher ist aber die erstere Deutung.

f) Zusammenfassung und Übersicht:
In einem aus dem Unterricht erwachsenden Tafelbild oder einem Arbeitsblatt könnte man die vorgetragenen Gedanken etwa folgendermaßen darstellen (↗ auch III T3, 2/3):

negotium:		***otium:***
officia, negotia		*otiosum esse*
sermones sinistri *reprehendere* *spes, timor, rumores* *strepitus, labores inepti*		*legere, scribere, corpori vacare* *nihil paenitet* *nulla spe, nulla timore sollicitari* *nullis rumoribus inquietari* *studiis et otio se tradere*
inanis discursus *negotio pulchrius*	←――――→ ――――→	*recta sinceraque vita* *dulce et honestum otium* ↓
SATIUS EST OTIOSUM ESSE QUAM NIHIL AGERE		

T3 Bewusste Gestaltung des Alters

Spezielle Literatur zum Brief III, 1:
J. Astemer, in: Empfehlungen für die Arbeit mit den Rahmenrichtlinien Sek.I, 1987 ↗ 745, 2–24

a) Didaktische Begründung:
Da Plinius ausdrücklich auf den verschiedenen Lebensstil zwischen Jugend und Alter eingeht und auf das Recht der Jugend verweist, sich noch nicht in die dem Alter vorgegebenen festen Bahnen zwingen zu lassen (↗ Gesamtübersicht über die Einheit S. 32: *iuvenes confusa adhuc quaedam et quasi turbata non indecent*), darf man durchaus erwarten, dass junge Menschen, in diesem Fall unsere Schüler, bereit sind, einen Blick voraus auf das mehr der Ordnung unterworfene Leben in den reiferen Jahren zu werfen.
Noch bedeutender aber ist für die Entwicklung junger Menschen, der in diesen Texten vorgegebene Blick auf das notwendige Nebeneinander von Körper und Geist, von pragmatischer Tätigkeit und geistig-kulturellem Engagement, von *officium/negotium* und *otium.*
Auch die Tatsache, dass Plinius, selbst noch in einer Vorphase zum Leben des Spurinna stehend, den Blick vorauswirft, vergleicht und wertend abwägt, gibt dem Brief Attraktion und seiner Aufnahme Berechtigung.

T3.1 Man muss sein Leben richtig ordnen und lenken!

b) Einstieg:
Der Einstieg in den Text kann über die Abbildung erfolgen: Weisheit und Alter gehören ja zusammen, und Plinius beginnt auch seinen Brief sofort mit der Feststellung, wie angenehm *(an ullum iuciundius tempus exegerim)* es für ihn ist, sich mit dem gereiften und weisen Spurinna, der für ihn fast schon eine philosophische Position einnimmt, zu unterhalten und mit ihm zusammen zu sein.
Mit seiner positiven Aussage *nihil est illo vitae genere distinctius* müsste man auch 17- bis 18-jährige für den Text gewinnen können, zumal dieser Spurinna alles andere als eine jugendlichem Denken fernstehende weltfremd-vergeistigte Persönlichkeit ist.

c) Textaufbau und Interpretationslinien:
Auch diesen Brief hat Plinius wieder klar gegliedert und sehr übersichtlich aufgebaut – was letztlich auch ein Indiz dafür ist, dass es sich um einen für die Öffentlichkeit bestimmten „Kunstbrief" handelt:

- Im ersten Abschnitt führt er in das Thema ein und macht deutlich, dass sich jeder Mensch früher oder später einmal damit befassen muss; er selbst ist in der glücklichen Lage, dass er das am Beispiel seines Freundes Spurinna in positiver Weise tun kann.

- Im zweiten Abschnitt geht er auf die vorgegebene Divergenz in der Lebensauffassung von jüngeren und älteren Menschen ein und billigt den ersteren von vorneherein zu, dass sie noch nicht so zur Ordnung gefunden haben können, wie dies für ältere Pflicht ist.

- Dann kommt das Musterbeispiel für eine klare und abgerundete Lebensdisposition in der Person Spurinna, wobei vor allem der feste Lebensrhythmus sicher auch junge Menschen beeindrucken kann. Der fast minutiös festgehaltene Tagesablauf kann gegebenenfalls auch nach T3.2 hinübergezogen oder, wenn es sich so ergibt, als Hausaufgabe gestellt und mit T3.2 zusammen behandelt werden.

f) Zusammenfassendes Tafelbild:
Will man die wichtigen Punkte als Hefteintrag festhalten oder mit einem Tafelbild fixieren, so könnte das folgendermaßen aussehen:

Jugend:	**Alter:**
iuvenes confusa adhuc quaedam et quasi turbata non indecent	*senibus placida omnia et ordinata conveniunt* *(quibus) industria — sera* *turpis — ambitio (est)* *regulam constantissime servare* *ordine quodam et orbe circumagere*

T3.2 Spurinna kann dabei Vorbild sein

b) Einstieg:

Wenn man wie in T3.1 c) angedeutet den ‚Bio-Rhythmus' des Spurinna mit nach T3.2 hinüberzieht, so ergibt sich Übergang und Einstieg ganz automatisch. Falls man 3.1 in der vorangegangenen Stunde ganz behandelt hat, so kann man auch von der Abbildung (S. 34) her in den Tagesablauf hineinführen.

c) Testaufbau und Interpretationslinien:

T3.2 beginnt Plinius mit einem emphatischen Hymnus auf die Umgebung des Spurinna.

secretum – antiquitas – quos viros – praecepta

sind die Stichworte, mit denen er seiner Begeisterung Ausdruck gibt. Erst dann fährt er mit der Beschreibung des Tagesablaufs fort.

Es dürfte sich empfehlen hier schon entsprechende Einträge in ein vorgegebenes Arbeitsblatt oder auch ins Heft vornehmen zu lassen, um dann im Anschluss an die Lektüre von T3.3 diesen **'Bio-Rhythmus'** im Überblick betrachten zu können (↗ zusammenfassende Übersicht unten!).

Immer wieder steht neben den körperlichen Übungen die geistvolle Beschäftigung mit interessanten Themen, sei es in Diskussionen, sei es bei Vorlesungen oder Ähnlichem.

T3.3 So möchte ich es auch gerne einmal erleben

b) Einstieg:

Auch bei dieser Text-Einheit kann man entweder von der Abbildung (S. 35) ausgehend auf die Stunde einstimmen (der erste Abschnitt dieses Texts befasst sich ja mit dem Geschirr, auf dem Spurinna servieren lässt; freilich nur, um mit der Formulierung *quibus delectatur, nec afficitur* zu verdeutlichen, dass er nicht in snobistischer Weise mit solchem Reichtum protzen will). Man kann aber auch wie bei 3.2 einfach mit der Darstellung des Bio-Rhythmus fortfahren und von da her aus 3.2 herüberführen.

c) Textaufbau und Interpretationslinien:

Die Darstellung des Lebensrhythmus des Spurinna steigert sich nun vom köstlichen aber doch soliden Mahl über das kostbare ohne Snobismus willkommene Geschirr bis hin zu den mimischen Vorführungen und Diskussionen. Daneben wird Spurinna als leutseliger, geistvoller Mann beschrieben. An dieser Stelle sollte auf jeden Fall die zusammenfassende Übersicht über seine Lebensordnung, seine *regula* (T3.1, Z.8) folgen. Sie könnte im stetig parallelen Ablauf von körperlicher und geistiger Beschäftigung etwa so aussehen:

exercitatio corporis:	*exercitatio animi:*
ambulat milia passuum tria *considit* *vehiculum ascendit* *paractus septen milibus* *iterum ambulat mille* *iterum residit* (15.00 Uhr): *hora balinei* *nudus ambulat in sole* *deinde movetur pila* *vehementer et diu* *lotus accubat et differt cibum* *cena non minus nitida* *quam frugi*	*honestissimi sermones explicantur* *liber legitur (liber rursus) vel sermo* *libro potior* *adsumit uxorem vel aliquem amicorum* *vel se ... stilo reddit.* *Scribit enim utraque lingua lyrica* *doctissima (mira illis dulcedo)* *audit legentem aliquid remissius* *comoedis cena distinguitur* *voluptates studiis condiantur*
inde *aurium et oculorum vigor* *agile et viridum corpus*	 *sola ex senectute prudentia*

Dieses harmonische Nebeneinander von Körper und Geist begeistert Plinius so sehr, dass er, obwohl noch nicht im Ruhestands-Alter, es zum Ziel seiner Gebetswünsche macht und sich vornimmt, darauf hinzusteuern. Er verkennt aber nicht, dass vorläufig noch die Pflicht Vorrang haben muss, dass er sich dem täglichen Stress noch nicht oder jedenfalls nur gelegentlich entziehen kann.
Später freilich will er auch wie Spurinna *hanc regulam constantissime servare,* dann soll auch bei ihm *placide omnia et ordinata convenire.*
Man kann sicher davon ausgehen, dass diese geradlinige Lebensführung, vor allem aber der daraus resultierende Erfolg völliger körperlicher Frische im hohen Alter auch 17- bis 18-jährige beeindrucken wird.

e) Begleittexte:
An dieser Stelle könnte man als Begleittext zu dieser Textreihe 'Bewusste Gestaltung des Alters' den Textauszug aus Ciceros Cato maior, 35 f (abgedruckt auf S. 41), heranziehen und die doch sehr unterschiedliche Auffassung Ciceros der des Spurinna (Plinius) gegenüberstellen: Cicero spricht doch ganz eindeutig mehr von geistiger Übung, stellt mit der Formulierung

corpora quidem exercitationum defatigatione ingravescunt,
animi autem exercendo levantur

sowie

easdem tueor animi, non corporis viribus

den Wert der körperlichen Übung sogar in Frage, womit er zweifellos unrecht hat.

T4 Das Landhaus des Plinius

Spezielle Literatur:
s. Ergänzendes Literatur-Verzeichnis, S. 106/107, 3.1–3.3

a) Didaktische Begründung:
Ausgehend vom *secessum,* von der Abgeschiedenheit in der Spurinna (sicher auch auf seinem Landgut) lebt, schließt diese Beschreibung seines Landhauses durch Plinius sehr gut an den vorangehenden Text an und hilft, ihn noch besser zu verstehen. Gerade auch die Landhäuser der Römer legen besonders deutlich Zeugnis von ihrer Kultur ab insbesondere von ihrer Wohnkultur. Bei diesem Plinius-Brief kommt hinzu, dass er mit der Beschreibung des Anreise-Wegs beginnt und die Schüler dadurch (bei Einsatz der Kartenskizze auf S. 37) auch näher mit der für die Römer so bedeutsamen Umgebung der Stadt vertraut macht.

T4.1 Die Anfahrt zum Laurentinum

b) Einstieg:
Die Abbildung bietet eine sehr schöne Gelegenheit, in den Text einzusteigen: Plinius beginnt ja den Brief mit einer Beschreibung der Anreise über die *Ostiensis via* oder über die *Laurentina;* die Abbildung gibt ein sehr schönes Bild von einer solchen Straße.
Nimmt man dann noch die Skizze der Straßen um Rom auf Seite 37 hinzu, so kann man die Schüler schön über die 16 Meilen von Rom bis hinaus an die Meeresküste südlich von Ostia führen.
Es wäre aber auch (↗a) möglich, wenn man den vorangegangenen Brief gelesen hat, von der abgeschiedenen Villa des alten Spurinna auszugehen. In diesem Fall genügt die Wiederholung der Plinius-Aussage, dass er das gleiche Leben wie Spurinna sehnsüchtig in Angriff nehmen will, sobald ihm der Rückzug aus der Pflicht (nach den moralischen Vorstellungen seiner Zeit) erlaubt ist.

c) Textaufbau und Interpretationslinien:
Der kurze Text T4.1 beginnt mit einem geradezu schwärmerischen Lobpreis des Plinius auf sein Landhaus Laurentinum (der Name geht wohl auf den Straßennamen zurück, der wiederum auf eine anscheinend in Lavinium aufgegangene Stadt Laurentum zurückzuführen ist).
Die Hervorhebung des 'geringen' Abstands zur Hauptstadt erstaunt ein wenig: 17 Meilen sind ein ganz schönes Stück Wegs, vor allem wenn man auf ein Pferd oder Gespann angewiesen ist. So muss man fast annehmen, dass *peractis, quae agenda fuerint* sich wohl auf das Wochenende oder auf Ruhetage bezieht. Der zweite Abschnitt (↗Einstieg) beschreibt den Weg und die Landschaft. Er bedarf keines weiteren Kommentars. Man könnte vielleicht aus einem modernen Reiseprospekt das eine oder andere Landschaftsbild zur besseren Veranschaulichung mitbringen.

T4.2 Das Landhaus am Meer

b) Einstieg:
Der Einstieg von der vorangegangenen Einheit T4.1 her ist problemlos, vor allem wenn man die Lage der Villa auf der Karte S. 37 möglichst genau fixiert hat. Wenn nicht, kann man damit jetzt einstimmen.

c) Textaufbau und Interpretationslinien:
T4.2 bringt eine sehr genaue Beschreibung des Laurentinum (vor allem, wenn man noch den wegen der vielen unbekannten Wörter nicht aufgenommenen, aber deutsch wiedergegebenen Briefteil (S. 38) hinzunimmt), die keiner besonderen Analyse des Aufbaus bedarf. Die Betrachtung der einzelnen Teile ist durch die parallele Nummerierung in Text und Abbildung erleichtert.
Viel wichtiger ist es, die kulturelle Seite zu beleuchten: die Ausstattung des Landhauses entspricht einem sehr hohen Lebensstandard, wenn man das mit den zeitlich parallelen Verhältnissen unserer deutschen Vorfahren vergleicht. Die Hypokausten-Heizung (↗Abbildung S. 38) verdient eine besondere Erwähnung.
An dieser Stelle empfiehlt es sich vielleicht, die wichtigen Punkte herauszuschreiben und gegebenenfalls später mit der parallelen Landgutbeschreibung Ciceros (↗T5) zu vergleichen. Auf jeden Fall sollte die Beschreibung mit entsprechenden Abbildungen – auch über das Angebot des Bandes hinaus – untermalt werden. Den Abschluss kann die Rekonstruktionszeichnung auf S. 38 bilden.

T4.3 Die wunderschöne Umgebung

b) Einstieg:
Der Einstieg erfolgt am besten von der zuletzt bei T4.2 besprochenen Rekonstruktionszeichnung her; man leitet dann zur Beschreibung der Umgebung über.

c) Textaufbau und Interpretationslinien:
Plinius geht nach der genauen Beschreibung seiner Villa zur Darstellung der reizvollen Umgebung über. Dabei geht er zuerst auf den Wasserreichtum ein (für die Römer ein besonders bedeutsamer Punkt), stellt dann die Versorgungsmöglichkeiten von Ostia her oder aus einem nahen Dorf dar und erwähnt schließlich auch die drei (!) Mietbäder in diesem Dorf, selbst für unsere Zeit ein fast unglaublich hoher kultureller Stand. Abschließend gilt ein Blick der lieblichen Küstenlandschaft mit dem Meer. Auch hier wäre es schön, die Beschreibung durch zusätzliche Abbildungen zu untermalen.

T5 Cicero betreut die Landgüter seines Bruders

a) Didaktische Begründung:
Der Beschreibung des Laurentinum durch Plinius wird ein Bericht des Cicero gegenübergestellt, in dem er seinem in Gallien Militärdienst leistenden Bruder Quintus über die Betreuung von dessen Villen berichtet. Damit haben die Schüler

einen inhaltlich parallelen Text vor sich und können damit die beiden Autoren wieder in ihrer Darstellungsart vergleichen. Aber auch eine Darstellung der hohen Lebenskultur und des Wohlstands der reichen Römer und speziell des Cicero und seines Bruders bietet sich vom Text her an.

T5.1 Man muss hinter allem selbst her sein

b) Einstieg:
Wenn man den Plinius-Brief (T4.1–3) gelesen hat, kann man den Gedankengang einfach mit dem Hinweis eröffnen, dass auch Cicero und dessen Bruder Quintus Landhäuser besaßen und dass Cicero die Landgüter seines Bruders während dessen Abwesenheit mit Caesars Heer in Gallien betreute. Von daher ist es leicht, in den Text zu finden.
Es wäre aber durchaus auch denkbar, vorausgreifend auf die Abbildung S. 40 mit einer kurzen Bildbesprechung zum vorliegenden Text zu kommen.

c) Textaufbau und Interpretationslinien:
Die vergleichende Betrachtung sollte hier im Vordergrund stehen; eine ganz Reihe von Mitteilungen oder Beobachtungen in der Landhaus-Beschreibung des Plinius finden sich ja auch hier in Ciceros Brief wieder (z. B. die Bedeutung des Wassers für diese Zeit und ihre Menschen, das gerade beim Landhausbau eine wichtige Rolle spielte).
Im ersten Abschnitt besucht Cicero in diesem Text zwei Landhäuser seines Bruders, um den Fortgang von Arbeiten während dessen Abwesenheit zu kontrollieren; sein Brief ist sozusagen ein Kontrollbericht. Er geht kurz auf die Arbeiten des Gutsverwalters und eines Mitarbeiters ein, welche eben auf dem Gut Arcanum einen Brunnen geschlagen haben.
Beim Besuch des anderen Guts, des Manilianum, stößt er auf einen sehr trägen Verwalter. In diesem zweiten Abschnitt ist eine ganze Reihe von kulturell interessanten, hochwertigen Ausstattungsmerkmalen genannt: von Säulen aus poliertem Marmor bis zur Wandelhalle, vom Vogelhaus bis zur Stuckdecke.
Cicero nimmt schließlich im letzten Abschnitt gegenüber den Anweisungen seines Bruders einige bauliche Änderungen vor und begründet dies damit, dass es sonst nicht stilgerecht wäre. Freilich teilt er im gleichen Atemzug mit, dass selbstverständlich sein Bruder das letzte Wort habe. Das klingt ein wenig arg großzügig, wenn man bedenkt, wie viel an Umbauarbeiten dann nach Rückkehr des Bruders nötig würde.

T5.2 Dein Fufidianum ist schon ein Prachtstück

b) Einstieg:
Man kann hier einfach von T5.1 her weiter übersetzen. Falls man die Abbildung auf S. 40 noch nicht bei T5.1 verwendet hat, kann der Einstieg von daher erfolgen. Die Linie führt dann direkt zu der Formulierung

> *Ego locum aestate umbrosiorem vidi numquam...* bzw.
> *equidem... adfirmo mirifica suavitate te villam habiturum...*

c) Textaufbau und Interpretationslinien:

Der kurze Text bedarf weiter keiner Interpretationen: er macht von sich aus klar, in welchem Luxus führende Römer der damaligen Zeit wohnten.
Eine Erklärung muß lediglich zur Zahlenangabe geliefert werden:

C IↃ	= 1.000 (normalerweise ersetzt durch M)
CC IↃↃ	= 10.000
CCC IↃↃↃ	= 100.000 *(centies milies)*
CCC IIↃↃↃ	= 200.000 *(ducenties milies)*
IↃↃↃↃ	= 500.000 *(quingenties milies)*
CCCC IↃↃↃↃ	= 1.000.000 *(decies centies milies;* dafür meistens [X]*)*

f) Abschließende Zusammenfassung der Texte T4 u. T5:

In einem Tafelbild oder einem Arbeitsblatt könnte man das Ergebnis der beiden Texte zum römischen Landhaus zusammenfassen. Dabei könnte man zunächst für die Villa des Plinius, Ort und Lage solcher Villen, die Anreisemöglichkeiten, die Nachbarschaft (und damit die Versorgung), die Ausstattung und den Verwendungszweck aus dem Text erarbeiten (↗Übersicht unten) und dann durch die Schüler (auch als Hausaufgabe) die gleiche Zusammenstellung für den Cicero-Text erstellen lassen.

Aspekte	**Die römische Villa**	
Ort/Lage	Stadtnähe: landschaftl. Schönheit: am Meer gelegen:	*decem spetem milibus ab urbe* (T4.1, Z.2/3) *Occurentes silvae, latissima prata* (T4.1, Z.9) *opportunitas loci, gratia villae* (T4.1, Z.2) *quod in litus excurrit,* *fluctibus adluitur* (T4.2, Z.8)
Anreise	gute Straße: Transport:	*Ostiensis vel Laurentina via* (T4.1, Z.6) *equo vel iunctis* (T4.1, Z.7)
Nachbarschaft	Wasserreichtum, hohe Boden- Feuchtigkeit Holzreichtum, Dorfnähe:	*umor sincerus occurrit* (T4.3, Z.2) *ligna suggerunt proximae silvae* (T4.3, Z.3) *quem una villa discernit* (T4.3, Z.5) *tria meritoria balinea* (T4.3, Z.5)
Ausstattung	gesamt:	*non sumptuosa, usibus capax* (T4.2, Z.1)
	Einzelheiten:	*atrium – porticus – area festiva* (T4.2, Z.1–6) *cavaedium – triclinium – cubicula* *specularia – valvae – fenestrae* Gymnasium – Warm-/Kaltwasserbecken
Sinn und Zweck des Landhauses	Aufenthalts-/ Zufluchts-Ort	*salvo iam et composito die possis ibi manere peractis, quae agenda fuerint* (T4.1, Z.4) *egregium... receptaculum* (T4.2, Z.3)

Themeneinheit IV

Der Brief als Spiegelung des politischen Lebens

Vorbemerkung:
Für die Texteinheit T1 sollte man die Schüler von Anfang an zur Beachtung der Zeittafel auf den Seiten 100 – 101 anhalten, damit sie stets die Übersicht über die zeitliche Einordnung der in den Texten berichteten Vorgänge behalten.

Zusammenfassende Übersicht über die Einheit IV

Für die Einheit IV, den politischen Brief, wurde im ersten Teil das Machtspiel zwischen Caesar und Pompeius mit deren Werben um den Politiker Cicero ausgewählt, weil sich damit für die Schüler eine doch über Jahre sich hinziehende politische Entwicklung interessant darstellen lässt, auch wenn Cicero all diese Briefe sehr emotional und subjektiv schreibt.

T1.1 Die Reihe beginnt damit, dass sich Cicero in einem Brief an Attikus über die führenden Politiker von Pompeius bis Cato in nicht gerade positiver Weise auslässt und manche ihrer Schwächen aufzeigt.

T1.2 Im kurzen Text T1.2 beklagt er zunächst den Staatszustand an, ehe er sich dann doch erfreut und geschmeichelt über ein Angebot des ungeliebten Caesar zeigt.

T1.3 Cicero schwankt dann zwischen „Kuschen" gegenüber den Mächtigen, um für sich einen Triumph zu erhalten, und dem richtigen Verhalten zur Rettung der *libera res publica.* Er stimmt dann gerne der Meinung des Attikus zu, dass er eigentlich *cum imperio* sein müsste. Er ist verbittert, dass Caesar nach seiner Meinung ihm gegenüber nicht großzügig genug ist *(pro meis officiis in me nequaquam satis liberalem fuisse)* und versichert dem Attikus seine Treue zum Staat.

T1.4 In einem weiteren Brief an Attikus bekennt er offen seine Sympathien für Pompeius, der freilich nach seiner Meinung mit schuld an Caesars Aufstieg ist.

T1.5 Dennoch will Cicero auch bei Pompeius vermitteln, weil Caesar für ihn einfach ein ganz gefährliches Subjekt darstellt *(homo audacissimus).*

T1.6 In einem ebenso höflich-kühlen wie unmissverständlichen Brief Caesars an Cicero fordert jener diesen auf, die Seiten zu wechseln und als *vir bonus et quietus abesse a civilibus controversiis.*

T1.7 Schließlich erkennt Cicero in einem Brief *ad familiares* den Sieg Caesars und die Niederlage der *res publica* an und gibt sich geschlagen.

T2 Die Texte T2.1 und T2.2 sollen verdeutlichen in welchem Ausmaß zu jener Zeit fast alle politischen Vorgänge manipuliert und korrumpiert wurden.

T3 Im berühmten Brief X 96 (bzw. X 97) des Plinius gibt dieser als Statthalter der Provinz Bithynien in Form einer Anfrage an Kaiser Trajan einen hochinteressanten und recht genauen Bericht über die Christenverfolgung in Kleinasien, den der Kaiser entsprechend beantwortet.

T 1 Cicero im Machtspiel zwischen Caesar und Pompeius

a) Didaktische Begründung:

Zwar wurde schon in der Einheit II der politische Bereich mit Ciceros Verbannung angeschnitten. Aber zum einen gehört auch die Auseinandersetzung zwischen Caesar und Pompeius zu den historischen Höhepunkten der republikanischen Zeit, zum andern ist durch Ciceros lebendige, wenn auch stark persönlichkeitsbezogene Darstellung ein auch für die Gegenwart interessanter Abschnitt berührt.

Cicero offenbart ja nicht nur seine persönliche Sicht dieses Machtkampfes, er flicht auch sich selbst in vielfältiger Weise ein durch

- sein Urteil über die Kontrahenten,
- seine Auffassung vom Zustand der *res publica,*
- die recht offene Darstellung seiner eigenen ehrgeizigen Bemühungen (z.B. sein Bemühen um einen Triumphzug),
- schließlich durch seine Hinkehr zu Pompeius als den nach seiner Meinung für die Republik weniger gefährlichen Mann.

Hochinteressant ist auch Caesars kühl-freundlicher Mahnbrief an Cicero wegen dessen Parteinahme für Pompeius und Ciceros Resignation nach Caesars Sieg.

b) Einstieg:

Der Einstieg in den Text kann – vor allem bei Zeitknappheit – am besten über den kurzen Vorspann mit der Abbildung (S. 42) des Forum Romanum als Szenerie für den Machtkampf in Rom erfolgen.

Die andere Möglichkeit wäre eine kurze Wiederholung der historischen Vorgänge anhand der Cicero-Vita (S. 5), eventuell auch in Zusammenarbeit mit dem Geschichtsunterricht. Auf alle Fälle sollte man den Schülern vor der Lektüre klar machen, dass zu jener Zeit die Macht in Rom gleichzusetzen war mit der Macht über die damalige Welt.

T1.1 Pompeius hält sich zurück

c) Textaufbau und Interpretationslinien:

In leicht spöttischer Weise geht Cicero auf die Leute ein, die eigentlich die Republik führen müssten, die aber nach seiner Meinung einfach keine politischen Persönlichkeiten *(politikoi andres)* sind.

- **Pompeius** ist in der Haltung zu schwammig und nur bemüht, das Glanz-Bild seines Triumphes zu erhalten; er bezieht nicht klar Stellung.
- **Crassus** ist nur ein Schönredner, der nur ja bei niemand Anstoß erregen will.
- **Die übrige große Masse** der angesehenen Römer versucht nach Ciceros Meinung, auf törichte Weise ihre Pfründe zu erhalten, auch wenn der Staat dabei verloren geht und ist.
- **Cato** (Uticensis) hat zwar Charakter; er ist standhaft und integer, aber ihm fehlt es nach Ciceros Meinung an *consilium atque ingenium.*

Hier kann man auf IV T2 vorausblicken, wo sich Cicero als nicht so integer erweist wie Cato und von einer harten, aber gerechten Bestrafung der Steuerpächter *(publicani)* Abstand nehmen will, weil er politisch mit den Steuerpächtern verbandelt ist; so erklärt sich wohl auch sein negatives Urteil an dieser Stelle.

T1.2 Caesar streckt seine Fühler aus

c) Textaufbau und Interpretationslinien:
Cicero beklagt wieder den Zustand der Republik und beurteilt dabei teils kritisch *(parum fortiter)*, teils nicht ohne Eigenlob *(non demisse)* auch sein eigenes Verhalten gegenüber den Machthabern.
Eindeutig geht aber aus dem Text hervor, dass er Caesars Angebot *(legatio)* recht gerne zur Kenntnis nimmt.

T1.3 Wie soll ich mich entscheiden: *ambitio* oder *libera res publica*?

c) Textaufbau und Interpretationslinien:
In diesem Brief an Attikus schwankt Cicero zwischen seinen ehrgeizigen Bestrebungen um einen Triumph auf der einen Seite, die natürlich Schönreden und Kuschen bei den Verantwortlichen voraussetzen, und auf der anderen Seite der Erhaltung der *libera res publica.*
Er erkennt, dass beides – Ehrgeiz und Einsatz für die Freiheit – nicht unter einen Hut zu bringen ist. So verspricht er, dass *quod honestius, id mihi sit antiquius,* dass er also das *honestum* höher bewerten und sich entsprechend verhalten will.
Schon mit der Bezugnahme auf sein Werk *De re publica* im ersten Abschnitt des Textes und mit der Formulierung *haud multum requireres illum virum* hat er angedeutet, dass er sich selbst wohl eine führende Rolle zutrauen würde. Im zweiten Abschnitt unterstreicht er das noch *(ut rei publicae prodesse possim)* und nimmt gerne eine Äußerung des Attikus auf, dass er eigentlich dabei sein müsste, wenn es um die Führung geht *(quod putas utilius esse...me esse cum imperio).*
Schließlich greift er (Z. 12/13) wieder Caesar an und hält ihm vor, dass der – gemessen an seinen Verdiensten – ihm gegenüber zu wenig großzügig *(liberalem)* gewesen sei. Auch hier klingt wieder ein wenig das *manus manum lavat* an. Unter Berufung auf Athene/Minerva *(custos urbis)* stellt er fest, dass er, auch wenn Caesar ihm mehr entgegengekommen wäre, in Verantwortung gegenüber dem Staat nicht anders handeln könnte.

T1.4 „Ich neige zu Pompeius!"

c) Textaufbau und Interpretationslinien:
Im ersten Abschnitt wärmt Cicero in Andeutungen noch einmal Caesars Verhalten im Verfahren gegen Catilina auf und macht ihm Vorwürfe, dass er ihn, Cicero, *in cuius causa salus rei publicae consistebat,* nicht unterstützt hat. Gleichzeitig beschuldigt er Caesar indirekt, dass durch dessen Kampf um die Macht der Staat in Gefahr

gerate: *dimicant homines hoc tempore periculo civitatis.* So muss sich Cicero aus seiner Sicht zwangsläufig für Pompeius entscheiden, was er den Freunden gegenüber auch deutlich tut.

T1.5 Cicero will auch bei Pompeius vermitteln

c) Textaufbau und Interpretationslinien:
Die Aussagen in T1.4 ändern aber nichts daran, dass Cicero um des Staates willen auch bei Pompeius vermitteln will, wieder nicht ohne Caesar schwer zu beschuldigen. Er hält ihm vor allem vor, dass er alles Gesindel um sich versammle, wobei er diesen Bereich bei Einbeziehung der Jugend und sogar der Tribunen schon recht undifferenziert attackiert:

homo audacissimus et paratissimus
omnes damnatos, omnes ignominia affectos
omnes damnatione ignominiaque dignos
illac facere
omnem fere iuventutem,
omnem illam urbanam ac perditam plebem,
tribunos valentes addito Cassio
omnes, qui aere alieno premantur
hic omnia facere omnes, ne...

Damit ist die Entscheidung Ciceros zugunsten des Pompeius natürlich endgültig gefallen und so verwundert es nicht, dass Caesar am 16. April des Jahres 49 auf dem Marsch nach Marseille an Cicero einen zwar höflich-kühlen, aber in jeder Hinsicht eindeutigen Warnbrief schreibt, in dem er ihn auffordert, die Situation zu erkennen und die richtige Seite zu wählen:

T1.6 Caesar wird gegenüber Cicero deutlich

c) Textaufbau und Interpretationslinien:
Dieser Text beginnt mit höflichen Floskeln, die aber doch in einer klaren Forderung *(petere)* enden und eigentlich schon eine Warnung beinhalten:

te nihil temere, nihil imprudenter facturum
pro nostra benevolentia petendum, ne quo progrederes...
pro iure nostrae amicitiae

Zugleich spricht er unmissverständlich aus, dass der Kampf doch schon entschieden sei und dass Cicero sich doch dem Schicksal beugen solle *(fortunae obsequi).*
Im zweiten Abschnitt weist er ihn mit fast schon ironischen Worten daraufhin, er solle sich als guter, braver Bürger aus dem Ganzen heraushalten *(quid viro bono et quieto et bono civi magis convenit quam abesse a civilibus controversiis).* Für den aktiven und engagierten Politiker Cicero muss dies wie blanker Hohn klingen.

T1.7 Resignation nach Caesars Sieg

c) Textaufbau und Interpretationslinien:
In einem verzweifelt klingenden Brief (46 v. Chr.) an seinen Freund Paetus fragt Cicero an, ob der ihm etwas über sein weiteres Schicksal nach Caesars Sieg sagen könne; Cicero meint, dass Balbus, ein früherer Konsul, der sich bei Paetus aufhält, informiert sein müsste.
Er ist sich im Klaren darüber, dass nun die den Ton angeben, welche die Macht haben, und das sind, wie er sagt, immer auch die, welche die stärkeren Waffen besitzen *(valebunt autem semper arma)*. Cicero erkennt, dass er nur noch auf die Gnade hoffen kann, die man ihm zugesteht.

d) zur sprachlichen Arbeit (T1.1–1.7):
Die Texte T1.1.–T1.7 bieten verschiedene Möglichkeiten zur Wiederholung wichtiger Syntax-Phänomene, z.B.:
Syntaktische Funktion der Konjunktive:

quid tibi faciam (T1.3, Z.3) – ne dubitaveris (Z.6) – si ...essent, custos cogeret (Z.15) – mallem tantas ei vires non dedisset (T1.4, Z.7) – graviorem iniuriam feceris et consulueris (T1.6, Z.5) – potest (Z.9) und convenit (Z.11) –

Sinnrichtung der Gliedsätze:

ita sunt stulti, ut ...videantur (T1.1, Z.4) – unus est, qui curet... (Z.5) – Nam quod putas... (T1.3, Z.8) – bene facis, quod non dubitas,...(Z.11)

e) Begleittexte:
Auch bei dieser Darstellung der politischen Entwicklung mit dem gefährlichen Pendeln Ciceros zwischen Caesar und Pompeius lohnt sich ein Blick auf den fiktiven Brief Petrarcas an Cicero ins Jenseits (Begleittext B1). Vor allem in den Zeilen 9–18 spricht Petrarca dieses unruhig-unkluge Verlangen Ciceros an, sich auch als (nach den damaligen Vorstellungen so angesehener) Greis noch in die Konflikte ehrgeiziger junger Politiker einzumischen und sich dadurch in Gefahr zu bringen.
Kernstück ist der Satz

praeceps et calamitose senex,
quid tibi tot contentionibus
et prorsum nihil profuturis simultatibus voluisti?
Quis te falsus gloriae splendor senem
adolescentium bellis implicuit...

Dieses harte Urteil über die Handlungsweise Ciceros kann auch sehr gut zur kritischen Bewertung und Abklärung seines Verhaltens dienen.

f) Zusammenfassung:
Abschließend könnte man eine Übersicht über die einzelnen Phasen der Entwicklung mit den Schülern erarbeiten und sie ihnen als Einlegeblatt ins Heft geben (↗ auch Übersicht S. 45). Auch ein entsprechendes Schülerreferat wäre denkbar, wobei als Grundlage dieser Übersicht die Zeittafel auf S. 100/101 und der Cicero-Artikel im 'Lexikon der Alten Welt' Bd. I, S. 627 dienen könnte.

T2 Korruption und Manipulation in Rom

a) Didaktische Begründung:
Es gehört wesentlich zum historischen Bild dieser Zeit, den Schülern auch klarzumachen, wie sehr Manipulation und Korruption alle Bereiche in Rom und auch die meisten Menschen, nicht zuletzt Cicero, beherrschten. Letzterer spricht in seinen Briefen an verschiedenen Stellen ganz offen davon, z.B. als er in Nibelungentreue zu den *publicani* hält (z.B. IV, T1.1, Z.4ff und V, T3.2, Z.13ff).
Es geht aber auch darum, den Unterschied zu integren, charakterstarken Leuten wie Cato aufzuzeigen, der mit größter Korrektheit seine Ämter versieht und sich nicht auf irgendwelche Kuhhändel einlässt. Dass Cicero ihm dafür mangelndes politisches Verständnis vorwirft, (↗IV T1.1, Z.5ff), muss für junge Menschen, die man ja an das politische Geschehen heranführen will, unmissverständlich herausgearbeitet werden. Wenn etwa Cicero seinem Bruder schreibt, er solle sich nicht mit Hippodamus einlassen (↗IV T2.2.1), weil der ja mindestens ein Geschenk in der Größenordnung eines Landguts für eine erwiesene Gefälligkeit verlange, so spricht das Bände. Dass auch alle wichtigen Stellen auf solche Weise oder durch Ämterpatronage vergeben wurden, dass immer weniger integre Menschen sich in dieser Republik um soziale Gerechtigkeit und Korrektheit bemühten, stellt einen wichtigen Faktor zeitlosen, auch heute noch gültigen politischen Handelns dar.

T2.1 Manus manum lavat

b) Einstieg:
Der Einstieg kann entweder über den kurzen deutschen Text-Vorspann erfolgen oder auch über die Abbildung mit der Villa (S. 49), die in Verbindung mit T 2.2.1 sehr deutlich aufzeigt, wie man für irgendwelche Hilfen stets entsprechendes Schmiergeld oder Geschenke in beträchtlicher Höhe aufbringen musste.

c) Textaufbau und Interpretationslinien:
Mit Entschuldigungen für seine starke Inanspruchnahme durch Rechtsfälle und Gerichtsverhandlungen in der drückenden Hitze des heißen Sommers stellt Cicero nachdrücklich klar, dass er immer für seinen Bruder da ist und da sein wird, wenn dieser ihn fordert.
Gleichzeitig bringt er in der für sein Denken typischen Weise zum Ausdruck, dass er sich aus dieser Tätigkeit für den Bruder Anerkennung und Ansehen verspricht: er will auch für sich selbst *magnam gratiam magnamque dignitatem colligere.* Auch das gehört zu einem abgerundeten Bild des Menschen Cicero (↗oben unter T1.7, e), Begleittexte, wo, auch für T2 gültig und verwendbar, auf den Begleittext B1, S. 92, von Francesco Petrarca verwiesen wird. So erfahren die Schüler etwas zur Rezeptionsgeschichte und davon, wie Ciceros Persönlichkeit im ausgehenden Mittelalter aufgenommen und verstanden wurde).
Ganz im Sinne des unter a) Dargelegten bemüht sich Cicero, keinen Anstoß zu erregen, vor allem nicht bei denen, die eine Verbindung mit Caesar nicht gerne sehen

(hier kann man, falls schon gelesen, auf die Texte unter T1.1–1.5 zurückgreifen!). Bei den pompeiustreuen Parteifreunden will er so sein Ansehen noch weiter steigern. Es geht also vor allem darum, gute Verbindungen für die Zukunft zu knüpfen. Dann geht er auf die (wörtlich!) unerträglichen Wahlbestechungen und die Debatten darüber im Senat ein und betont, dass er sich selbst da herausgehalten habe und weiter heraushalten wolle, es sei denn mit entsprechender Rückendeckung (!).
Im letzten Abschnitt nennt Cicero den konkreten Fall des Drusus, der trotz Amtspflichtverletzung mit wenigen Stimmen Mehrheit der Aerartribunen freigesprochen wurde, obwohl ihn die Senatoren und der Ritterstand für schuldig befanden. Das alles sind natürlich Dokumente dafür, wie Recht nicht gesprochen, sondern manipuliert wurde.

T2.2 Wer zahlt am meisten?

b) Einstieg:
Zur Einstimmung s.o. unter T2!

c) Textaufbau und Interpretationslinien:
T2.2 bringt vier kurze Textstücke, in denen jeweils Beispiele für Manipulation und Korruption vorgetragen werden.
So wird z.B. in T2.2.3 berichtet, dass alle Bewerber um das Konsulat wegen Wahlbetrugs angeklagt werden mussten. In 2.2.4 erfahren wir, dass sich die Konsuln von den Kandidaten haben bestechen lassen; alle vier Bewerber stehen deshalb vor Gericht. Wichtig ist nun herauszuarbeiten, dass Cicero selbst einen dieser vier, nämlich den Messalla herauspauken will; dies im klaren Wissen darum, dass dann auch die anderen Betrüger freikommen werden.

T3 Plinius und die Christenverfolgung in Bithynien

Spezielle Literatur zu den Christenbriefen:
s. Ergänzendes Literaturverzeichnis S. 106–107, 3.8 und 3.9

a) Didaktische Begründung:
Dieser Brief des Plinius an Kaiser Trajan wegen der Behandlung der Christen und die Antwort des Kaisers zählen zu den Klassikern der Brief-Lektüre und dies nicht ohne Grund:

- Die Schüler erfahren aus originaler Quelle vom Leben der frühen Christen, von ihren Sitten und Verhaltensweisen

- Das Gegenüber und Gegeneinander von römischem und christlichem Glauben wird bis in die Einzelheiten der Verfahrensweisen römischer Statthalter deutlich.

- Es werden auch Einzelheiten über den nach unseren Maßstäben sehr weit an Aberglauben heranreichenden römischen Götterglauben und über römische Gerichtsverfahren mitgeteilt.

- Besonders interessant sind die Mitteilungen über die Ausbreitung des Christentums und über die Standhaftigkeit vieler Märtyrer. Hier kann man auch Auszüge aus den Märtyrer-Akten (z. B. *Passio Sanctorum Scilitanorum)* als Begleitlektüre einbringen.

So hat dieser Brief durchaus historische Dimension, zumal er mit der Antwort des Kaisers auch dessen Verhalten kennzeichnet.

b) Einstieg:
Am besten führt man die Schüler wohl zum Text hin, wenn man, von der Überschrift ausgehend, kurz den deutschen Vorspann bespricht, auf der Karte Bithynien aufsuchen lässt und dazu erläutert, dass eigentlich das ganze zehnte Buch der Plinius-Briefe einen Briefwechsel mit dem Kaiser über seine Statthalterschaft beinhaltet. Von daher kann man auf die vorsichtig-zurückhaltende und ein wenig unsichere Art des Plinius in seiner Amtsführung eingehen und die Schüler finden dann sofort in den ersten Abschnitt des Texts. Falls sich vom Religionsunterricht her Anschlussmöglichkeiten und Parallelen ergeben, kann das ebenfalls eine wertvolle Hilfe sein.

T3.1 Ein unsicherer Statthalter fragt beim Kaiser an

c) Textaufbau und Interpretationslinien:
Im ersten Textabschnitt des Briefes demonstriert Plinius, sicher ungewollt, seine eigene Unsicherheit und mangelnde Entscheidungsfähigkeit als Statthalter und erbittet vom Kaiser Richtlinien. Das kann man an der Tafel oder im Heft mit den entsprechenden Ausdrücken festhalten lassen:

omnia, de quibus dubito, ad te referre sollemne mihi est;
cunctationem meam regere,
ignorantiam instruere, quis potest melius.

So zeigt sich sehr deutlich sein Zaudern und Schwanken. Freilich spricht diese zweifelnde Zurückhaltung, vor allem auch, wenn sie bei Urteilen und Verhören zum Tragen kommt, sehr für seine menschliche Art.
Die Unsicherheit setzt sich in seinen Darlegungen im zweiten Abschnitt dieses Textkapitels fort und drückt sich auch sprachlich sehr deutlich (z.B. in Doppelfragen – *ne... an – aut... aut...)* aus:

quid et quatenus aut puniri soleat aut quaeri, nescio
Nec mediocriter haesitavi
sitne discrimen aetatum,
an nihil differant;
detur paenitentiae venia
an desisse non prosit;
nomen ipsum puniatur
an flagitia cohaerentia nomini

Im dritten Abschnitt erläutert Plinius dem Kaiser seine Vorgehensweise:

Interrogavi ipsos, an essent Christiani
Confitentes iterum/ tertio interrogavi
perseverantes duci iussi
Neque dubitabam,...
pertinaciam et inflexibilem obstinationem
debere puniri.

So ergibt sich ein recht klares Bild vom Vorgehen der Römer gegen die Christen. Dass die Unsicherheit des Plinius ihn zugleich wegen einer gewissen Milde und juristischen Vorsicht sympathisch macht, wird sicher auch Schülern deutlich. Römische Statthalter pflegten sonst viel radikaler und mit viel weniger Gewissensbissen zu urteilen.

T3.2 Denunziantentum und Verhalten der Christen

c) Textaufbau und Interpretationslinien:

Dieser Text beginnt mit einem für das römische Staatsrecht interessanten Hinweis: Soweit es sich bei den Christen um römische Bürger handelt, sendet sie Plinius pflichtgemäß zur Aburteilung nach Rom.

Dann berichtet er über die Ausbreitung des Christentums und äußert sich ausführlich über sein bisheriges Vorgehen, das argen Aberglauben und eine primitive Auffassung von Religiosität erkennen lässt, wie es eben in seiner Zeit in Rom üblich war. Im dritten Abschnitt geht Plinius dann kurz auf die Ausbreitung der Christen und ihres Glaubens ein und erwähnt, dass ihm auch anonyme Anzeigen zugegangen sind. Schließlich kehrt er zu seiner Behandlungsweise der Fälle zurück. Für die Schüler unserer Zeit kaum fassbar vollzieht er das Ritual des Abschwörens: Die „schwachen" Christen, welche in der Bedrohung ihres Lebens nicht zu ihrem Glauben stehen, müssen sich durch drei Prozeduren lossagen:

cum deos appellarent,
imagini tuae supplicarent
maledicerent Christo,

(die Redefigur des Chiasmus ist natürlich bewusst angewandt).

Wer so seinem Glauben abschwört wird freigelassen, weil, wie Plinius gegenüber dem Kaiser betont, kein wirklicher Christ dazu gezwungen werden kann.

T3.3 Sind die Zusammenkünfte der Christen gefährlich?

c) Textaufbau und Interpretationslinien:

Zum Abschluss seines Briefes berichtet Plinius dann in den ersten beiden Abschnitten von T3.3 (offensichtlich als Ergebnis seiner Verhöre) eine Reihe von interessanten Einzelheiten über Sitten und Brauchtum der Christen, wobei er natürlich aus seiner römischen Religion heraus von *culpa* und *errores* spricht. Dieser Bericht lässt deutlich die in keiner Weise verbrecherischen und politisch harmlosen Verhaltensweisen der Christen erkennen. Man erfährt aber auch viel Einzelheiten über die

Ausbreitung des Christentums. Schließlich nennt er Folterungen bei den Verhören und setzt sich dafür ein, den Reuigen und Abbitte Leistenden entgegenzukommen. Im Einzelnen lassen sich diese Aussagen in einem Tafelbild etwa folgendermaßen zusammenfassen:

Bräuche der Christen
stato die ante lucem convenire *carmen Christo quasi deo dicere* *se sacramento obstringere* *non in scelus aliquod,* *sed ne furta/latrocinia/adulteria committerent* *ne fidem fallerent,* *ne depositum appellati abnegarent.* *Morem sibi fuisse* *discedendi rursusque coeundi* *ad capiendum cibum promiscuum innoxium*

Bei seinen Verhören, bei denen er gegen zwei 'Ministrantinnen' auch die Folter einsetzt, wie es bei den Römern üblich war, kommt er hinsichtlich des Christentums zu dem Ergebnis:

Superstitio prava et immodica.

Historisch interessant ist der dritte Abschnitt, in dem Plinius von einem beratungswürdigen Problem und von einer enormen Ausbreitung des Christentums über das ganze Land, aber auch über die einzelnen Gruppen von Menschen hinweg spricht:

civitates, vicos, agros pervagata est superstitionis contagio
periclitantium numerus magnus
multi omnis aetatis, omnis ordinis, utriusque sexus.

Plinius nennt auch sichtbare Einzelerscheinungen, die das belegen. Für den humanen Menschen Plinius spricht seine Schlussfolgerung:

Ex quo facile est opinari, quae turba hominum emendari possit,
si sit paenitentiae locus.

T4 Die Antwort des Kaisers Trajan

<u>*b) Einstieg:*</u>

Der Einstieg in den Text kann anschaulich über die Abbildung, den Trajansbogen in Benevent, erfolgen. Ergänzt durch Darlegungen des Lehrers zur Person des Kaisers ist eine schöne Ausgangsbasis für seinen Antwortbrief gegeben.

c) Textaufbau und Interpretationslinien:
Trajan bestätigt in seinem Antwortbrief das Vorgehen des Plinius als richtig und zeigt hinsichtlich der anonymen Anzeigen große Liberalität. Der Aufbau des Kaiserbriefs bedarf keiner großen Erklärung, da Trajan in aller Kürze antwortet. Dennoch enthält der Text einige beachtliche allgemein gültige Aussagen:

- Trajan billigt zwar die Vorgehensweise des Plinius, belehrt ihn aber, dass sich keine feste Regel für die Prozesse festlegen lässt.
- Trajan entscheidet sich für Milde denen gegenüber, die ihrem christlichen Glauben absagen, freilich unter dem schon von Plinius gemachten Vorbehalt des Abschwörens, was man aus den religiösen Bräuchen der Römer heraus verstehen muss.
- In einer recht liberalen und großmütigen Haltung spricht sich Trajan eindeutig gegen anonyme Beschuldigungen aus. Er hält sie für nicht mehr zeitgemäß. Auch das muss jungen Leuten von heute deutlich gemacht werden.

e) Begleittext:
Mit einer leistungsstarken Klasse kann hier der Begleittext B 4 (S. 96) eingebaut werden, in dem Tacitus über die Christenverfolgung unter Kaiser Nero (54 – 68) berichtet. Dieser Text ist auch insofern interessant, als dadurch sichtbar wird, dass sich das Christentum trotz der dort geschilderten fanatischen und radikalen Verfolgung unter Nero und anderen über Jahrzehnte hinweggerettet und erhalten hat. Freilich muss auch der ganz entscheidende Unterschied herausgearbeitet werden:

- Nero ermordet unbeliebte unschuldige Menschen brutal, um ein eigenes Verbrechen zu vertuschen. Das erregt sogar das Mitleid der sonst blutdürstigen Masse in Zirkus und Amphitheater in Rom.
- Trajan lässt nur (nach seiner Meinung und nach römischem Recht) Glaubensabtrünnige töten. Freilich ist auch das aus unserer Sicht grausam und intolerant genug.

Gemeinsam ist beiden aber das Denken über den als solchen betrachteten Aberglauben der Christen, der nach römischem Recht mit der Höchststrafe belegt wird. Völlig abweichend muss man das blindwütige Morden beurteilen, wie es auch in den Senecatexten zum Ausdruck kommt.

Themeneinheit V

Die Spiegelung des literarisch-kulturellen Lebens im Brief

Zusammenfassende Übersicht über die Einheit V

Diese Einheit soll insgesamt, soweit es der Raum erlaubt, einen möglichst breit gefächerten Überblick über Herkunft und wesentliche Bereiche der antiken Literatur und Kultur bieten, worauf auch die entsprechend ausgewählte Bebilderung hinzielt. Vor allem geht es um Griechenland als Ursprung und Quelle unserer abendländischen Kultur.

T1 Das beginnt mit der Literatur, im vorliegenden Fall mit der literarischen Verbundenheit und Zusammenarbeit zwischen Tacitus und Plinius, wobei das typisch römische Bedürfnis sichtbar wird, sich für die Nachwelt zu verewigen und eine entsprechende *fama* verbunden mit *gloria* zu schaffen.

T2 Es setzt sich fort mit einem beratenden Brief des Plinius an einen Freund, in dem er Griechenland als Ur- und Nährmutter unserer Kultur, als Schöpferin von *humanitas, litterae, iura, leges* vorstellt. Dabei legt er dar, wie man sich dieser Schöpferin durch entsprechend humanes Verhalten auch wirklich würdig erweisen kann.

T3 Dieser Text berichtet sozusagen parallel zu T2 von ähnlichen Anweisungen und Hinweisen Ciceros an seinen Bruder Quintus aus dem Jahre 59 v. Chr., als dessen Statthalterschaft in Kleinasien verlängert wurde.
Auch Cicero weist in diesem Brief daraufhin, dass Quintus nicht irgendwelchen Menschen vorgesetzt worden sei, sondern eben Griechen, von denen die *humanitas* den anderen Völkern und anderen Menschen ja erst vermittelt wurde. Auch Cicero gibt seinem Bruder Verhaltensregeln mit auf den Weg, um dieser Vorgabe gerecht werden zu können, freilich im Widerstreit zwischen den Interessen der *publicani* und denen der unterjochten Bevölkerung.
So zeigt sich ein deutlicher Unterschied zu den uneingeschränkt menschenfreundlichen Darlegungen des Plinius für seinen Freund.

Dem kulturellen Gesamtanliegen dieser Einheit V (s.o.) sollen auch die zahlreichen Farbfotografien zu herausragenden Denkmälern griechischer Kultur dienen, welche die Texte begleiten. Diese Abbildungen können Ausgangspunkt für entsprechende Studien und Referate sein, wie in den „Aufgaben zur Interpretation“ (z.B. S. 65, 2.1.–2.2) zum Ausdruck kommt.

T1 Die literarische Verbundenheit zwischen Plinius und Tacitus

a) Didaktische Begründung:
Plinius und Tacitus, zwei zur klassischen Schullektüre gehörende Autoren im Briefwechsel über die gegenseitige Rezension von Werken *(o iucundas, o pulchras vices):* das sollte nicht nur für Altphilologen ein interessantes Thema sein, sondern auch Schüler motivieren können. Hinzukommt eine interessante Überlegung zur Kritikfähigkeit *(ego verum dicere adsuevi, tu libenter audire – neque enim ulli patientius reprehenduntur, quam qui maxime laudari merentur),* die jungen Menschen vermittelt wird und wohl auch vermittelt werden muss! Schließlich ist das typisch römische Streben nach Nachruhm, Bekanntwerden, -sein und -bleiben angesprochen, das, wie schon bei den anderen Texten beobachtet werden konnte, immer wieder ein Kernthema römischen Denkens, Redens und Handelns ist.

b) Einstieg:
Der Einstieg kann für T1.1, falls schon Tacitus gelesen wurde von dieser Lektüre, vom fast zeitgleichen, parallelen Schaffen des Plinius und Tacitus her erfolgen. Man könnte aber auch mit den Schülern ganz allgemein das Thema Literaturkritik und Kritikfähigkeit ansprechen (es gibt genügend Fernsehsendungen dazu) und von einer kurzen diesbezüglichen Diskussion ausgehend zum Text kommen.
Für T1.2 lässt sich die auf den Textinhalt bezogene Abbildung auf S. 57 für den Einstieg verwenden. Insofern ist auch die Umkehrung der Reihenfolge beider Texte denkbar, dass also zuerst T1.2 und dann T1.1 gelesen wird.

T1.1 Zwei berühmte Autoren im Briefwechsel

c) Textaufbau und Interpretationslinien:
Bei T1.1 ist ein klarer Aufbau erkennbar: Im ersten Abschnitt geht Plinius auf seine Rezension eines Tacitus-Werks ein und spricht von kritischen Anmerkungen *(adnotavi, quae mutanda, quae eximenda arbitrarer).* Er möchte aber Tacitus mit seiner Kritik nicht verärgern und versucht, die Kritik mit Faktischem *(verum dicere adsuevi)* und Lob *(...qui maxime laudari merentur)* akzeptabel zu machen, zumal auch Tacitus ein Werk von ihm zur Kritik vorliegen hat *(librum meum cum adnotationibus tuis exspecto).*
Der zweite Abschnitt bringt einen Hymnus des Plinius auf die Zusammenarbeit mit Tacitus *(o iucundas, o pulchras vices),* wobei im Hintergrund auch hier immer der Nachruhm und das Ansehen des Bekanntwerdens und -seins steht *(si qua posteris cura nostri – usquequaque narrabitur...).*
Die Eintracht beider, die einfach-klare Art, die Zuverlässigkeit werden hervorgehoben. Dabei spart Plinius in einer für Römer wohl normalen, für uns aber schon etwas übertriebenen Art nicht mit Eigenlob *(nonnullius in litteris nominis* etc.*),* was man den Schülern durchaus verständlich machen muss. Er setzt mit der Formulierung *alterum alterius studia fovisse* natürlich auch sich ins rechte Licht.
Im dritten Abschnitt, in dem er – nach der Parallelsetzung beider! – seine Aussage zwar mit dem Vergilzitat wieder einschränkt *(longo, sed proximus intervallo),* hebt er

doch indirekt mit seinen Lobeshymnen auf Tacitus *(tu mihi ...maxime imitabilis, maxime imitandus)* auch sich entsprechend empor *(una nominamur).*
Die glühende Zuneigung, die Plinius im letzten Abschnitt anspricht, wirkt nach all dem doch ein wenig von ihm selbst erzwungen.

T1.2 Ein angesehener Autor wird bei den Zirkusspielen erkannt

c) Textaufbau und Interpretationslinien:
Dieser Text nimmt das Thema von 1.1 wieder auf und vertieft es an zwei Beispielen, wobei es erneut vor allem um Ansehen und Bekanntheit geht.
Einer besonderen Erläuterung bedarf der einfache Textaufbau nicht; man kann den Text mit einer normal starken Klasse glatt durchlesen. Plinius ist furchtbar stolz darauf, dass man ihn kennt und seinen Namen in einem Atemzug mit Tacitus nennt.

T2 Griechenland als Quelle von *humanitas, litterae, iura, leges*

a) Didaktische Begründung:
Mit den Texten von T2 und T3 wendet sich die Einheit ihrem Kernanliegen zu: Griechenland soll als Ursprung und Quelle der abendländischen Bildung dargestellt werden. Die Mehrzahl der Latein erlernenden Schüler gehört ja seit langem nicht mehr dem Humanistischen Gymnasium an und wird nicht mehr mit der griechischen Sprache und Literatur vertraut gemacht, wobei in der Regel auch die griechische Philosophie und Kunst nur noch gestreift werden.
So muss es ein besonderes Anliegen des Latein-Unterrichts sein, möglichst viel aus diesem Bereich zu vermitteln, wozu die beiden ausgewählten Briefe des Plinius (Ep. VIII 24) und Ciceros (Ad Quintum fratrem I 1) beste Gelegenheit bieten. Dies gilt vor allem für Plinius, der seine Ratschläge an einen nach Griechenland ins Statthalteramt gehenden Freund durch viele allgemein gültige Aussagen zu einem Plädoyer für Menschlichkeit und humanistische Gesinnung macht.
Die zahlreichen Abbildungen gehören unabdingbar zu den Texten (s. auch S. 56 unten). Sie sollen der besonderen Motivation der Schüler dienen und ihr Interesse für die Inhalte wecken.

b) Einstieg:
Der Einstieg in T2 (und das gilt weitgehend auch für T3) ist auf vielfältige Weise möglich:

- Man kann mit den „Aufgaben zur Interpretation" 2.1–2.2 auf S. 65 beginnen und den Schüler nach Betrachtung der Abbildungen auf den Seiten 58 – 63 die dort vorgeschlagenen Referate zuteilen. Diese schaffen dann ein entsprechendes Stimmungsbild und stellen einen hervorragenden Hintergrund für den Einstieg in die einzelnen Texte dar.
- Eine andere Möglichkeit wäre es, die im Brieftext genannte römische Provinz Achaia auf der Karte S. 104 zu suchen, diese Landschaft geographisch einzuordnen und von da her über die Formulierung *Cogita te missum in provinciam*

Achaiam in den Text einzusteigen. ...*illam veram et meram Graeciam* ist dann, von der Überschrift ausgehend, gut vorbereitet.

- Hat man die Texte zur Christenverfolgung (IV T3) schon gelesen, in denen ja auch Plinius eine Statthalterschaft ausüben muss, so kann man das auf die Situation beim vorliegenden Text übertragen und davon ausgehen, dass Plinius als erfahrener Statthalter dem jüngeren Freund Ratschläge gibt.

T2.1 Ein freundschaftlicher Rat

c) Textaufbau und Interpretationslinien:

Dieser Text beginnt mit einer sehr vorsichtigen und zurückhaltenden Ansprache an den zu beratenden Freund Maximus, womit Plinius vor allem die bei den meisten Menschen üblichen Ressentiments gegen Belehrungen abbauen will.

Kernstück ist aber dann ein emphatischer Lobgesang auf Griechenland, der auch bei einem so gefühlsreichen Menschen wie Plinius sicher nur auf eine echte, tiefe Verehrung dieses Landes zurückgehen kann (man könnte kurz Catos Ablehnung der berühmten Philosophengesandtschaft ansprechen, deren Mitglieder bei vielen jungen Römern sehr gut ankamen). Was Plinius im Einzelnen in seinem 'Hymnus' aufzählt, könnte in Tafelbildern folgendermaßen festgehalten werden:

- Griechenland als Erfinderin von *humanitas – litterae – fruges;*
- Griechenland als eine achtbare Gemeinschaft von *liberae civitates;*
- Die Griechen als Menschen, die das natürliche Recht *(ius a natura datum)* durch Werte wie Tapferkeit, Freundschaft, Bündnistreue und Religiosität bewahrt und erhalten haben.

Plinius fordert schließlich von Maximus Achtung und Verehrung für

- die von den Griechen erkannten und eingeführten Gottheiten
- den von ihnen seit Urzeiten erworbenen Ruhm
- die Altehrwürdigkeit ihrer Städte und ihrer Leistungen, ja sogar ihrer Mythen

Er bittet seinen Freund nachdrücklich ja nichts wegzunehmen von

- der Würde der Menschen
- von ihrer Freiheit und ihrem Freiheitswillen
- ja sogar von ihrem aus dieser Vergangenheit erwachsenen Stolz

Das ist insgesamt nicht nur ein Plädoyer für Griechenland, sondern für Menschlichkeit schlechthin. Man könnte in diesem Zusammenhang auf die Unmenschlichkeiten hinweisen, welche von modernen Besatzungsarmeen unserer Zeit vor, während und nach einem Krieg begangen wurden und heute noch (z.B. in Bosnien) begangen werden. Nicht vergessen werden sollte bei der Interpretation der Hinweis des Plinius, dass der Freund *(Cogita te missum...) ad ordinandum statum liberarum civitatum* entsandt wurde, also die klare Aussage, dass ein Statthalter sozusagen die Verfassung zu schützen habe, in diesem Fall die Verfassung freier Bürgerschaften.

T2.2 Wir schulden den Urhebern unserer Kultur Dank

c) Textaufbau und Interpretationslinien:
Auch im ersten Abschnitt des Textes 2.2 setzt Plinius zunächst das Loblied auf Griechenland fort; hier indem er Athen und Sparta direkt als Ursprung für *iura* und *leges* nennt. Man erkennt sofort, warum z.B. *litterae* nicht mehr einbezogen werden: Es geht jetzt direkt um das rechte Verhalten des Statthalters Maximus, der eindringlich ermahnt wird, diesen Griechen ja nicht auch noch den nominell verbliebenen Rest von Freiheit zu nehmen:

reliquam umbram et residuum libertatis nomen eripere.

Bedenkt man, dass Griechenland schon fest unterworfen war, so ist das schon eine für jene Zeit bemerkenswert liberale Aussage.
Dass er bei dem Vergleich mit den Ärzten, mit deren doch unterschiedlicher Behandlung von Sklaven und Freien, für unsere Zeit falsch liegt, kann Plinius als Römer *seiner* Zeit mit all ihren Vorurteilen nicht bewusst sein. Er leitet seinen Freund auf jeden Fall nach Grundsätzen der Toleranz und Humanität an.
Gar nicht aus der Art römischer Imperatoren, sondern aus humanistischer Gesinnung entspringen die folgenden Verhaltens-Direktiven und Hinweise:

- Die Betrachtung der ruhmreichen Vergangenheit Griechenlands darf nicht zu stolzer Verachtung des besiegten Volks führen.
- Maximus braucht nicht wegen einer milden Haltung Verachtung fürchten; nur wer sich selbst *humilis* (hier in der Bedeutung 'niedrig', 'verzagt'!) und *sordidus* verhält, kann unter anständigen Menschen verachtet werden.
- Der Mächtige handelt schlecht, wenn er seine Macht durch Schmähungen und Kränkungen anderer Menschen erprobt; er kann so auch keine Achtung gewinnen.
- Mit liebevoller Zuwendung kann man viel leichter seine Wünsche durchsetzen als durch Einschüchterung, weil die Einschüchterung nicht mehr wirkt, wenn man sich entfernt, während Zuneigung auch dann als Verehrung bleibt.

Alle diese Aussagen werden durch zahlreiche Redefiguren hervorgehoben und unterstrichen. So ergibt sich insgesamt ein glänzendes Plädoyer für menschliches Verhalten, gerade dann, wenn man die Macht in Händen hält.

d) Zur sprachlichen Arbeit:
Der Text 2.2 bietet sich wieder für die sprachliche Wiederholungsarbeit in besonderer Weise an, wobei man durch entsprechende Anschrift (Tafelbild) vieles leicht verständlich machen kann:

Strukturanalyse und Redefiguren:
T2.2, Z.1ff
Habe ante oculos

hanc esse terram	*quae...iura...miserit*
	quae leges dederit
Athenas esse	*quas adeas*
Lacedaemonem esse	*quam regas*

Dabei könnte man auch noch die Begründung der Konjunktive in den Relativsätzen ansprechen.

Weitere Redefiguren:
T2.2, Z.3: *quibus...libertatis nomen eripere*
durum, ferum, barbarum est
T2.2, Z.8: *An contemnitur, qui imperium*
qui fasces habet
T2.2, Z.10: *Male vim suam potestas aliorum contumeliis experitur*
male terrore veneratio acquiritur
T2.2, Z.12: *timor abit, si recedas*
manet amor
Diese Redefiguren sind leicht von den Schülern zu bestimmen und zu begründen.

T2.3 Zuneigung erreicht immer mehr als Furcht

c) Textaufbau und Interpretationslinien:
In T2.3 beginnt der erste Abschnitt mit einer nochmaligen Erinnerung an die Amtsstellung und die Pflichten des Statthalters. Das
ordinare statum liberarum civitatum
wird nachdrücklich hervorgehoben und von Plinius mit der Formulierung
Quid ordinatione civilius, quid libertate pretiosius?
in glänzender Weise näher erläutert, stellt er doch die beiden notwendigen Gegenpole eines freiheitlichen Staates einander gegenüber und ordnet sie in ihrer Wertigkeit ein:

- Da ist die *ordinatio,* welche der Staat und seine Bürger zur Aufrechterhaltung der Ordnung brauchen;

  und da ist die notwendige *libertas* im Rahmen dieser Ordnung, welche das Leben erst lebenswert macht.

Um dem Maximus diese Grundlage einer humanen und doch römischen Statthalterschaft entsprechenden Amtsführung schmackhaft zu machen, erinnert Plinius den Freund im zweiten Abschnitt daran, dass er schon große Leistungen vollbracht hat und zu weiteren großen sogar nach dem Urteil des Kaisers selbst fähig ist. Dann nimmt er alle vorangegangenen empfehlenden Aussagen in den Zeilen 12–17 wieder auf und verstärkt sie noch mit *ne... humanior, melior, peritior fuisse videaris.* Plinius beendet den Brief mit dem nochmaligen Hinweis, dass er nicht als *„praeceptor"* schulmeisterhaft auftreten, sondern als Freund in Zuneigung diese Ratschläge erteilen will.

Um die vielfältigen <u>kulturellen</u> Leistungen der Griechen darzustellen und mit Beispielen zu untermauern, können im Sinne der „Aufgaben zur Interpretation" (S. 65, 2.1) die Abbildungen auf den Seiten 58 – 63 verwendet werden.

T3 *... a quo ad alios pervenisse putetur humanitas*

<u>a) Didaktische Begründung:</u>
Im Grundsatz gelten die gleichen Argumente wie bei der didaktischen Begründung von T2: auch Cicero gibt Ratschläge und freundliche Hinweise für die Statthalterschaft, in diesem Fall sogar seinem eigenen Bruder Quintus.
Besonders interessant wird bei diesem Text, dass der unmittelbare Vergleich mit dem vorangegangenen Plinius-Brief und dessen Aussagen eine Fülle von Vergleichen zum selben Thema ermöglicht und hier gibt es sehr viel Identisches. Aber auch der große Unterschied zu Plinius, dass nämlich Cicero trotz ähnlich großer und hehrer Worte doch letztendlich dann wieder davon abweicht, wenn es um politische Kungelei mit den *publicani* (↗auch IV T1.1, Z. 6 – 9) geht. In diesem Punkt zeigt sich ein ganz deutlicher Unterschied im Charakter der beiden Autoren, der auch den Schülern gegenüber herausgearbeitet werden muss, wenn man das Wertgefühl ausbilden will.

<u>b) Einstieg:</u>
Mit dem Hinweis, dass mit diesem Cicero-Brief eine vergleichende Gegenüberstellung und Betrachtung eingeleitet wird, müsste man die Schüler eigentlich schon für den Inhalt gewinnen können, vor allem wenn der werthafte Gehalt im Plinius-Brief ihnen nahe gegangen ist.
Man kann aber auch über die Überschrift von T3 und über den kurzen deutschen Vorspann einsteigen, der ja das Thema des Plinius wieder aufnimmt. Auch der differenzierende Hinweis, dass Quintus Cicero die Statthalterschaft über die Griechen in Kleinasien innehat – wobei man von der Abbildung der Akropolis von Pergamon als eine der wichtigsten Städte ausgehen könnte –, während Maximus im griechischen Mutterland den Kaiser vertritt, bietet eine Einstiegsmöglichkeit. Wählt man die letztere Möglichkeit, so dient sicher eine geographische Einführung anhand der Karte (S. 104) dem besseren Überblick.

T3.1 Du bist Statthalter über ein hoch zivilisiertes Volk

c) Textaufbau und Interpretationslinien:

Der Vorspann macht bewusst, dass es sich bei den Texten von T3 nur um einen kurzen Auszug aus einem der längsten Briefe Ciceros handelt. Dennoch gibt dieser Auszug ein weitgehend paralleles und passendes Pendant zum Plinius-Brief an Maximus (T2) ab und vertieft damit dessen mehr allgemeine Gedanken und Themen in sehr anschaulicher Weise:

Im ersten Abschnitt befasst sich Cicero mit der Rolle derer, *qui praesunt aliis,* so wie Plinius am Anfang von T2.3 mit der Formulierung *quale quantumque sit ordinare statum liberarum civitatum* auf den Statthalter eingeht. Bei Cicero wird das allerdings sofort persönlich und auf die Tätigkeit des Bruders bezogen.

Im nächsten Abschnitt nimmt er das

sint quam beatissimi

aus dem ersten wieder auf und erweitert es:

...ut eos... diligas et omni ratione tueare
et esse quam beatissimos velis.

Er versäumt freilich nicht, immer wieder zu betonen, dass sein Bruder das ja schon weiß und so handelt. Inhaltlich fast völlig parallel zu T2.1 des Pliniusbriefs schärft Cicero dann im dritten Abschnitt seinem Bruder ein, dass er über die Menschen gebietet, die sozusagen die *humanitas* erfunden und zu den anderen Menschen gebracht haben. So wie Plinius in T2.2 weist er darauf hin, dass humanes Verhalten zwar generell Pflicht von Machthabern sei, dass dies aber den Schöpfern der *humanitas* gegenüber in ganz besonderer Weise gelten müsse.

T3.2 Philosophenweisheit und Alltagsnöte

c) Textaufbau und Interpretationslinien:

Der erste Abschnitt bringt einen kleinen Exkurs Ciceros zu Platos *Politeia,* und zwar zu der Stelle, an der Plato darlegt, dass der Stand der Herrschenden eben aus *homines docti et sapientes* bestehen müsse, weil nur so für die Staaten und Untertanen der Zustand des Glücks erreicht werden könne *(fore beatas res publicas).* Hier sollte man den Schülern auch bewusst machen, was es bedeutet, dass der Römer Cicero Platos Schriften kennt und insbesondere mit der Formulierung

hanc coniunctionem ... potestatis et sapientiae
saluti censuit civitatibus esse posse

weiterreicht.

Der zweite Abschnitt von T3.2 bringt (wie schon der zweite von T3.1!) wieder einen Hymnus auf den Bruder, dem Cicero unterstellt, genau die platonischen Forderungen zu erfüllen. In der Aussage

Quod aliquando universae rei publicae nostrae,
nunc quidem profecto isti provinciae contigit

steckt schon eine Art von Prophezeiung für eine große politische Zukunft des Quintus Cicero. Dieses Lob geht im dritten Abschnitt wieder in Hinweise für das Wohlergehen der dem Quintus Untergebenen über. Deren Verwirklichung soll dazu führen, dass Quintus sich bald als *parens Asiae* bezeichnen lassen kann.
Aber im vierten Abschnitt kommt dann wieder der Cicero zum Vorschein, den wir schon aus den vorangegangenen Texten kennen: Er greift noch einmal den Zwiespalt auf, der nach seiner Meinung immer zwangsläufig zwischen den Interessen der geschäftstüchtigen Steuerpächter und dem Wohl der Allgemeinheit besteht und immer bestehen muss. Das aber ist der einzige gravierende Unterschied zum Plinius-Brief: ansonsten laufen die wesentlichen Gedanken und Themen parallel.

f) Zusammenfassende Übersicht über die Texte T2 und T3:
In einer abschließenden Betrachtung könnte man – vor allem, wenn man schon während der Lektüre der beiden Briefe entsprechend vorgearbeitet hat – folgende Gegenüberstellung der Aussagen des Plinius bzw. des Cicero erarbeiten und eine ganze Reihe von interessanten Vergleichen ziehen:
Dabei zeigt sich, dass beide Autoren, obwohl durch ihre Geburt um weit mehr als ein Jahrhundert getrennt, in fast identischer Weise Stellung zu Griechenland, zur Entwicklung der griechischen Kultur und zum Verhalten von Statthaltern nehmen: Von der *captatio benevolentiae* über die Verhaltensvorschläge für Statthalter und den angesprochenen Unterschied zwischen der Behandlung von Griechen und Nichtgriechen bis zur Betrachtung Griechenlands als hochkultiviertem Ursprungsland des Humanismus findet man fast ausschließlich Hinweise und Vorschläge, die sich in ihrem Inhalt, wenn auch nicht immer in der Formulierung entsprechen.
Die Divergenzen sind geringfügig: Dass z.B. Cicero Plato für das Verhalten des Herrschers zitiert, während Plinius seine persönlich-allgemeinen Gedanken vorbringt, macht keinen Unterschied im Kern der Aussage.
Einzig in dem Einfließen der Berücksichtigung von politischen Freunden unterscheidet sich also Ciceros belehrender Brief an seinen Bruder von dem des Plinius, obwohl Letzterer nicht an einen Verwandten schreibt.

Die Tafel auf der folgenden Seite stellt die Aussagen zu den einzelnen angesprochenen Punkten in beiden Briefen nebeneinander. Sie beweist, dass von der *captatio benevolentiae* bis zu den Folgerungen für das Handeln beide Autoren weitgehend gleiche Standpunkte vertreten, obwohl man mit einiger Sicherheit davon ausgehen kann, dass Plinius den Cicero-Brief wohl nicht gelesen hat.
Daraus lässt sich der Schluss ziehen, dass beide Briefe nicht aus irgendeiner wohlwollenden Laune oder als Freundschaftsbeweis so formuliert wurden, sondern weil die Kenntnis von der kulturellen Gründerfunktion Griechenlands in beiden Autoren auf Grund ihrer Bildung und ihrer Erziehung vorhanden war. Die Gegenüberstellung sieht folgendermaßen aus:

Parallele Betrachtung der Aussagen in T2/T3 (Plinius/Cicero)

Aspekte	Plinius:	Cicero
1. Captatio benevolentiae:	*Amor in te meus cogit, non ut praecipiam, admoneam tamen* (T2.1, Z.1)	*At haec nunc non, ut facias, sed ut te facere et fecisse gaudeas, scribo* (§8 des Briefes)
2. Lob des Adressaten:	*Onerat te quaesturae tuae fama...onerat testimonium principis* (T2.3, Z.10)	*Quod tibi et esse antiquissimum et ab initio fuisse...omnium sermone celebratum est* (T3.1, Z.2f)
3. Aufgaben des Statthalters:	*Te vero...meminisse oportet officii tui titulum ac tibi interpretari, quale quantumque sit ordinare statum liberarum civitatum* (T2.3, Z.1–6)	*huc omnia esse referenda iis, qui praesunt aliis, ut ii, qui erunt in eorum imperio, sint quam beatissimi* (T3.1, Z.1ff)
4. Grundsätze/ Voraussetzung der Amtsausübung:	*Nam quid ordinatione civilius, quid libertate pretiosius.* (T2.3, Z.6ff) *Male vim suam potestas aliorum contumeliis experitur. Male terrore veneratio acquiritur; longe valentior amor...quam timor.* (T2.2, Z.10ff)	*...si ii, qui regerent, omne suum studium in doctrina et sapientia collocarent* (Plato) (T3.2, Z.3/4) *Coniunctionem potestatis et sapientiae saluti censuit civitatibus esse posse* (T3.2, Z.4/5)
5. Unterschied zwischen Griechen und Nichtgriechen:	*...nitendum est, ne in longinqua provincia quam urbana, ne inter servientes quam liberos...humanior, melior peritior fuisse videaris* (T2.3, Z.13f)	*Si te sors barbaris nationibus praefecisset, tamen esset humanitatis tuae consulere eorum commodis et saluti, Cum vero ei generi hominum praesimus, certe iis potissimum eam tribuere debemus* (T3.1, Z.9–14)
6. Griechenland als Ursprung des Humanismus:	*te missum in illam veram et meram Graeciam, in qu primum humanitas, litterae, ...inventae esse creduntur* (T2.1, Z.2–4)	*non modo in quo ipsa sit, sed etiam a quo ad alios pervenisse putetur humanitas* (T3.1, Z.12/13)
7. Konsequenzen:	*Reverere...gloriam veterem: sit ...honor antiquitati ...sit ingentibus factis! Nihil ex dignitate ...libertate decerpseris!* (T2.1, Z.8ff)	*Incumbe toto animo et studio ut eos...diligas et omni ratine tueare et esse quam beatissimos velis.* (T3.1, Z.5ff)

Themeneinheit VI

Briefe zur Darstellung herausragender historischer Ereignisse

Zusammenfassende Übersicht über die Einheit VI

Auch bei der Darstellung herausragender historischer Ereignisse musste streng ausgelesen und beschränkt werden. Dass unter diesen Umständen die Wahl nur auf die Darstellung des Vesuv-Ausbruchs von Plinius fallen konnte, ist eigentlich selbstverständlich, zumal dieses Ereignis bis in die Moderne Thema in Literatur und Kunst blieb. Dieser umfassende Bericht des Plinius gewinnt ja auch dadurch seinen Reiz, dass der Autor ihn für den Historiker Tacitus anfertigte. Er besteht ja eigentlich aus zwei Briefen; dem einen mit der Darstellung der Ereignisse aus der Sicht seines Onkels (Ep. VI 16) und dem andern aus eigener Sicht (Ep. VI 20). Der Brief VI 16 wurde in den Text-Band eingebaut und mit ausgesuchten Abbildungen illustriert, der Brief VI 20 ist am Ende dieses Lehrerhefts aufgenommen und steht damit den Lehrern zur Verfügung, deren Klasse besonders gut auf das Thema anspricht, oder die selbst diese Texte bereit haben wollen, um gegebenenfalls ergänzend im Unterricht darauf einzugehen.

T1.1 Im ersten Text spricht Plinius zunächst die Bitte des Tacitus an und begründet seine Bereitschaft, ihr zu entsprechen, auf typisch römische Art: Er wird ja damit dem Nachruhm seines Oheims und Adoptivvaters dienen, vor allem dadurch, dass gerade Tacitus dessen Handlungen und Verhaltensweisen bei dieser Katastrophe historisch darstellen wird.

T1.2 Plinius legt dann zunächst die Ausgangssituation, die Position seines Onkels und den Beginn des Naturereignisses dar.

T1.3 Schließlich laufen Notrufe von betroffenen römischen Bürgen ein und der Onkel bringt als verantwortlicher Flottenkommandant sofort Hilfe.

T1.4 Der Text stellt den Beginn der Katastrophe dar, gilt aber vor allem der Darstellung des Adoptivvaters und dessen Tapferkeit.

T1.5 Diese Darstellung setzt sich fort und endet mit einer ausführlicher Beschreibung der Katastrophe. Auch das Verhalten der Betroffenen, vor allem ihre Versuche, sich zu schützen und zu retten, fließen ein.

T1.6 Alles mündet schließlich in die furchtbare Katastrophe mit dem Tod des älteren Plinius.

T1.7 Plinius schildert die Folgen der Katastrophe, insbesondere die Auffindung der Leiche seines Adoptivvaters und versichert Tacitus, dass er nur Fakten dargestellt habe.

T1 Der Vesuv-Ausbruch aus der Sicht des älteren Plinius

Zur Darstellung aus der Sicht des jüngeren Plinius (T2): s. S. 99–104

Spezielle Literatur: s. Ergänzendes Literaturverzeichnis, 106–107, 3.5/3.6

a) Didaktische Begründung:
Vulkanausbrüche waren immer (und sind es noch heute) für die Menschen besonders schreckliche Ereignisse. Die Namen der durch Ausgrabungen freigelegten Städte Pompeji und Herculaneum gelten als Symbole schlechthin für Schrecken und Folgen eines Vulkanausbruchs. Da der Vesuv auch in neuerer Zeit wieder ausgebrochen ist (↗Begleittext B5 auf S. 97 des Textbands) und Gegenstand literarischer Darstellungen wurde, zudem aber auch die beiden Städte als Fundgruben für die Erforschung antiker Kultur gelten, müssten die Inhalte des Plinius-Berichts auch unsere Schüler motivieren.
Der Bericht des Plinius besticht aber auch dadurch, dass er von einem Augenzeugen in relativ sachlicher Weise abgegeben wird und dass er sehr genau skizziert, wie Menschen sich in einem solchen Chaos verhalten können bzw. verhalten sollten.

b) Einstieg:
Eine ganz besonders attraktive Möglichkeit zum Generaleinstieg in diese Einheit bietet die Großaufnahme vom Vesuv-Krater mit dem dahinter liegenden Pompeji (S. 66/67 Textband): Diese Photographie führt mit dem Furcht erregenden Krater mitten hinein in die Geschichte der Ausbrüche dieses Vulkans.
Ebenso steht man mit der Abbildung auf S. 68 im Textband, von der betroffenen Stadt aus aufgenommen, eigentlich schon mitten im Zentrum der im Text berichteten Ereignisse.
Von da her kann man das Gespräch leicht zu dem im römischen Kriegshafen Misenum stationierten älteren Plinius lenken und dies führt direkt hinein in den ersten Text, in dem Plinius auf die Bitte des Tacitus reagiert, als Augenzeuge auf die Ereignisse einzugehen.

T1.1 Tacitus fordert Material für seine Geschichte an

c) Textaufbau und Interpretationslinien:
Der Text ist sehr übersichtlich und muss wohl als Einleitung zum eigentlichen Anlass des Schreibens betrachtet werden: Plinius antwortet auf Tacitus' Bitte, ihm den Tod seines Onkels und Adoptivvaters für seine Geschichte zu schildern. Dabei wird wieder eines der Grundmotive römischen Handelns sichtbar: es geht um den Nachruhm *(immortalem gloriam esse propositam – perpetuitati eius aeternitas scriptorum tuorum multum addet).*
Interessant ist der Aspekt, dass selbst der Untergang, wenn er nur denkwürdig ist *(memorabili casu)*, sozusagen das ewige Weiterleben verleiht *(quasi semper victurus).* Das wird natürlich noch verstärkt, wenn ein berühmter Autor wie Tacitus ihn in sein Geschichtswerk aufnimmt, dem ja *aeternitas* sicher ist.

Im zweiten Abschnitt folgt dann ein wieder sehr emotionaler Lobpreis des Adoptivvaters, der sich vor allem in den Wörtern *beatos* und *beatissimos* ausdrückt. Der ältere Plinius hat nach Meinung seines Adoptivsohns sowohl Taten vollbracht, die beschreibenswert sind, als auch Werke geschrieben, die man gelesen haben sollte. So geht Plinius liebend gerne auf das Anliegen des Tacitus ein.

T1.2 Eine schreckliche Naturkatastrophe kündigt sich an

b) Einstieg:
Auch für diesen Text kann man, wie bei 1.1 angegeben, von den Abbildungen ausgehen; zusätzlich kann man die Abbildungen auf S. 69 und 70 heranziehen. Wenn dies nicht schon bei 1.1 geschehen ist, lohnt es sich, ganz kurz auf die Person des älteren Plinius, auf seine Laufbahn und seine literarischen Werke einzugehen.

c) Textaufbau und Interpretationslinien:
Der erste Abschnitt des Texts schildert kurz die Person und die Verhaltensweisen des Plinius als Kommandant der römischen Flotte in Misenum, führt dann aber sofort zur Darstellung des Beginns des Vulkanausbruchs.
Dabei wird das Außergewöhnliche, Anormale hervorgehoben

in-usitata – miraculum illud,

dem sich Plinius der Ältere widmet – zunächst mit rein wissenschaftlichen Interesse *(studioso animo).*
In einem bildlichen Vergleich mit einer Pinie wird im zweiten Abschnitt die Form des Vulkanausbruchs und dessen Beginn um ca. 13.00 Uhr dargestellt. Dabei fällt die ruhige Präzision der Darstellung und der sachliche Versuch einer Begründung auf. Durch die Aussage *prout terram cineremve sustulerat* wird aber schon deutlich, dass dies der Anfang einer sehr ernsten Gefährdung ist.
Man kann in die Interpretation an dieser Stelle auch die Abbildung auf S. 69 einbeziehen, auch wenn sie auf den Ausbruch des Jahres 1779 hinweist. Sie zielt zwar zweifellos sehr auf Emotionen ab, vor allem dadurch, dass sie den Tag zur Nacht werden lässt, aber sie ruft doch auch das erschreckende Bild dieses Ereignisses vor Augen.

T1.3 Aus Interesse und Neugier wird Ernst

b) Einstieg:
Mit dem Einsatz der Kartenskizze auf S. 70, die sowohl in großer Übersicht wie auch im Detail (Fahrtweg des älteren Plinius) den Ort des Geschehens erfassen, kann man den Einstieg in den Text sehr schön vorbereiten.
Folgende Aufgaben und Fragen könnte man sich vorstellen:

–Suchen Sie den Golf von Neapel *(Sinus Cumanus)* auf der Karte!
–Wo liegt der römische Kriegshafen Misenum?
–In welcher Entfernung von Misenum liegt Pompeji bzw. Stabiae?
–Wie lange braucht ein Schnellsegler für diesen Weg?
(Schnelle Segelboote liefen bei günstigem Wind ca. 12–15 km/Std.)

c) Textaufbau und Interpretationslinien:
Dieser Teil des Briefs ist wieder ganz dem Adoptivvater gewidmet: seine Tatkraft, seine Ruhe und seine Übersicht werden in den schönsten Farben dargestellt. Hier gilt es vor allem, den Ausdruck herauszuarbeiten und das Verhalten des älteren Plinius im Gegensatz zu dem der anderen, weniger mutigen Menschen zu setzen, wobei etwa folgendes Tafelbild entstehen könnte:

Plinius	**Rectina u.a.**
	exterrita imminenti periculo
vertit consilium,	
animo obit maximo	*orabat, ut se eriperet*
ascendit ipse (quadriremes)	
properat illuc ⟶	*unde alii fugiunt*
rectum cursum...in periculum tenet	
solutus metu	

Diese Gelassenheit des Flottenkommandanten wird noch dadurch unterstrichen, dass er in aller Ruhe die Entwicklung der Katastrophe fortlaufend und mit größter Genauigkeit aufzeichnet bzw. Anordnungen für die Aufzeichnung gibt:

omnes ... motus, omnes figuras... dictaret enotaretque

Wenn man die Schüler die wesentlichen Stichworte für die Charakterisierung des Flottenkommandanten einerseits und für die Entwicklung der Katastrophe andererseits fixieren lässt, kann man schon hier eine interessante Abschlussbilanz vorbereiten.

T1.4 Ein furchtloser Flottenchef: der ältere Plinius

c) Textaufbau und Interpretationslinien:
Auch bei T1.4 laufen zwei Darstellungslinien weiterhin parallel: die Schilderung des Fortschritts der Katastrophe und – im Umfang immer breiter – die Darstellung des Verhaltens des Adoptivvaters, wobei man freilich anmerken muss, dass Tacitus ja ausdrücklich um diese Schilderung gebeten hatte.
Im ersten Abschnitt wird die fortschreitende Gefährdung geschildert: Der Aschenregen wird immer dichter, Lava und von der Hitze gespaltene Steine werden mit der Asche durch die Luft getragen; das Meer ist so stark bewegt, dass in den Wellentälern Untiefen für das Schiff des Plinius entstehen; durch den Einsturz der Felsen wachsen neue Klippen aus dem Meer.
Selbst der mutige Flottenkommandant kommt da ins Zögern, zumal ihn sein Steuermann auffordert umzukehren. Aber er kennt natürlich seine Pflichten und eilt trotz der misslichen Lage dem in Stabiae eingeschlossenen befreundeten Seeoffizier Pomponianus zu Hilfe. Hier kann man wieder die Karte auf S. 70 heranziehen, um

zu verdeutlichen, wie kritisch die Lage dieses Eingeschlossenen ist, der nur auf eine Chance zur Flucht wartet, aber bei starkem Gegenwind mit dem Segelschiff momentan keine Möglichkeit hat, dagegen aufzukreuzen und die Bucht zu verlassen. Der Flottenkommandant segelt dennoch zu ihm hinein und dann zeigt die Darstellung wieder sehr markant – natürlich von Plinius d. J. gesteuert – das gegensätzliche Verhalten der beiden auf:

Plinius:	**Pomponianus und seine Leute:**
Pomponianum pete! – *secundissimo vento invectus –* *complectitur, consolatur –* *leniret sua securitate –* *deferri in balneum iubet* *accubat, cenat* *hilaris aut hilari similis*	*Certus fugae, si contrarius ventus resedisset –* *trepidantem –* *timorem eius*

So malt Plinius – wohl auf Erzählungen von Mitseglern seines Onkels aufbauend – ein Bild desselben, das sicher in vielem der Wirklichkeit entspricht, aber doch ganz sicher auch dem Wunsch nach *perpetuitas* (↗T1.1) dient.

d) Zur sprachlichen Arbeit:
Auch die sprachliche Ausformung dient der Betonung und Untermalung des Inhalts, verfolgt also jeweils eine Wirkungsabsicht. Die Schüler sollten deshalb immer wieder dazu angehalten werden, die vom Autor verwendeten Redefiguren zu bestimmen und deren Wirkungsabsicht zu erläutern, z.B.:

T1.4, Z.1: ***iam*** *cinis incidebat,...*
iam *pumices... et lapides,*
iam *vadum subitum*

Z.10: *complectitur trepidantem,*
consolatur,
hortatur...

Z.11–12: *lotus accubat,*
cenat
aut hilaris,
aut... similis hilari

Z.7: *quamquam nondum appropinquante periculo,*
conspicuo tamen
et proximo

Konjunktion mit Partizipialkonstruktion (↗S. 9, 3.2.1 Textband)

T1.5 Die Katastrophe

b) Einstieg:

Da die Abbildungen auf den S. 72 und 73 eigentlich schon der Darstellung des hohen Kulturstandards in den verschütteten Städten dienen, sind sie für den Einstieg weniger geeignet, es sei denn man betrachtet sie in einer entsprechenden Diskussion als Hintergrund für die Textaussage über das vernichtende Wirken des Vesuv.

Man könnte aber auch von einer Zusammenfassung der bisherigen Erscheinungsformen und Wirkungen des Ausbruchs ausgehen, wenn diese z.B. im Heft festgehalten worden sind, und von daher in den ersten Abschnitt einsteigen.

c) Textaufbau und Interpretationslinien:

Auch der Text von 1.5 folgt der Art und Weise, in der Plinius in den vorangegangenen Texten der Bitte des Tacitus um einen Bericht entsprach: Die Darstellung der weiteren Entwicklung der Katastrophe ist ständig begleitet vom Bericht über das (mutige) Verhalten des älteren Plinius, wobei der Katastrophenbericht stets Hintergrund und Staffage für die 'angemessene' Darstellung des Onkels bietet.

Der erste Abschnitt beginnt mit der Schilderung der nächtlichen Szenerie am Vesuv, wofür man als Untermalung wieder das Gemälde Hackerts (S. 69) heranziehen kann. Dieser Furcht erregende Anblick lässt die anschließend beschriebene Handlungsweise des Flottenkommandanten umso heldenhafter erscheinen: Er wiegelt ab *(ignes relictos agrestium)*, wobei *trepidatione* wieder das Gegenwort zu seiner eigenen Ruhe ist, und versucht so die Furcht zu verringern *(in remedium trepidationis).* Am stärksten aber wirkt sicher seine Gelassenheit, z.B. wenn er sich mit aller Ruhe zum Schlaf niederlegt *(se quieti dedit et quievit verissimo quidem somno).*

Nicht übersehen sollte man, dass hier erstmals von einem *meatus animae gravior et sonantior* die Rede ist, was man wohl als Asthma-Erkrankung des korpulenten Mannes deuten darf.

Im zweiten Abschnitt steigert sich das Unheil zur unmittelbaren Lebensgefahr: Lava und Asche häufen sich an, die Erde bebt häufig und weithin, die Gebäude schwanken hin und her *(area cinere pumicibus oppleta – crebris vastisque tremoribus – tecta nutabant – huc et illuc referri).*

In all diesem Chaos behält nur Plinius die Ruhe:

se reddit Pomponiano ceterisque
apud illum ratio rationem
apud alios timorem timor vicit.

Mit Schutztüchern auf dem Kopf verlässt man die Räumlichkeiten.

e) Zur sprachlichen Arbeit:

Bei der Interpretation muss immer wieder die sprachliche Ausgestaltung durch Plinius (s. o.) einbezogen werden, z.B.:

T1.5, Z.3: *ignes relictos*
desertasque villas

Z.12: ***nunc** hic, **nunc** illuc abire aut referri*

Z.12–13: *quamquam levium pumicum* (Konjunktion beim Adj.; ↗ S.9, 3.2.1)

T1.6 Ein Horror-Szenarium

c) Textaufbau und Interpretationslinien:

Auch in T1.6 setzt sich die doppelte Linienführung des Gedankengangs fort und die Schilderung der Ereignisse ist immer begleitet vom Schicksal des älteren Plinius.

Zu Beginn des ersten Abschnitts strebt das Unheil seinem finsteren Höhepunkt zu: zu einer Zeit, da eigentlich heller Tag herrschen sollte, ist es im Wirkungsbereich des Vulkanausbruchs tiefe, finstere Nacht *(nox omnium noctium nigrior densiorque).*

Die Menschen suchen Rettung, aber der einzige Fluchtweg, das Meer, ist aufgewühlt und die Strömung schlägt gegen das Ufer; es lässt keine Rettung zu. Plinius d.Ä. selbst leidet im dichten Dunst unter seinem Asthma und versucht, sich mit kaltem Wasser zu helfen.

Im zweiten Abschnitt berichtet der Brief über den Ausbruch von Bränden. Auch hier wird dieser Bericht wieder zum Hintergrund für ein Lob auf den Flottenkommandanten: Während andere vor den Flammen fliehen, lassen sie ihn zu neuer Aktivität erwachen. Aber sein vom Asthma geschwächter Körper macht das nicht mehr mit; er bricht zusammen und stirbt, weil ihm der dichte Dunst den Atem raubt; seine Luftröhre ist zu ausgetrocknet und dadurch verengt.

T1.7 Das traurige Ende

b) Einstieg:

Auf diesen Text kann man sehr schön einstimmen, indem man die Abbildungen auf S. 74 mit den Gipsabdrücken der Opfer betrachtet und von dort zur Auffindung der Leiche des älteren Plinius am Beginn des Textes überleitet.

c) Textaufbau und Interpretationslinien:

Am dritten Tag nach dem Tod des älteren Plinius wird sein Leichnam gefunden; die Art, wie man ihn entdeckt, bestätigt die Vermutung seines Adoptivsohns, dass er seiner Krankheit, dem Asthma, zum Opfer gefallen ist und nicht wie viele andere Opfer (s. Abb.) verschüttet und getötet wurde.

Plinius ist schon daran, ganz spontan zu seinen eigenen Erlebnissen überzugehen, erinnert sich aber wohl an die ursprüngliche Anforderung des Tacitus, den Tod seines Adoptivvaters zu schildern (T1.1: *ut avunculi mei exitum scribam),* und bricht den Bericht ab.

Er versichert nur noch, dass er alles aus frischer Erinnerung *(statim, cum maxime vera memorantur)* nach bestem Wissen und Gewissen beschrieben habe. Tacitus soll selbst auswählen, denn er schreibt ja nur einen Brief, Tacitus aber Geschichte.

e) Begleittexte:
Auf Seite 97 ist als Begleittext (B5) zu dieser Einheit die Beschreibung des Vesuv-Ausbruchs von 1944 aus dem Roman „Die Haut“ von Curzio Malaparte abgedruckt.
Malaparte beschreibt darin in sehr dramatisch-emotionaler Weise und mit vielen Metaphern die Vorgänge bei dem Unglück von 1944, also während des letzten Weltkriegs. Er geht dabei in ähnlicher Weise wie Plinius und mit genauso packenden Bildern auf die Vorgänge in der Natur und das Verhalten der Menschen ein. So bietet sich der Text zu einem Vergleich mit dem – sicher viel schlimmeren – Ausbruch des Jahres 79 an, wobei folgende Punkte gegenübergestellt werden können:
- –Bilder und Vergleiche zur Darstellung der Ausbruchswolke
- –Auswirkungen in der Landschaft
- –Auswirkungen auf der See
- –Verhalten der Menschen

f) Zusammenfassende Gedanken:
Wenn man während der Lektüre der Texte T1.1–1.7 entsprechend den Aufgaben (↗S. 75) eine Charakterstudie für den älteren Plinius erarbeitet hat, kann man jetzt einen Schritt weitergehen und die einzelnen Charakterzüge zusammenfassen. Vergleicht man sie mit den Zitaten bei den „Aufgaben zur Interpretation“ (S. 75), so wird klar, dass hier vom Adoptivsohn eine Art menschliches Idealbild gezeichnet wird, das im philosophischen Bereich und vor allem in der Philosophie der Stoa sein Vorbild hat. Insbesondere das Seneca-Zitat

animus neutri se fortunae submittens,
super omnia, quae contingunt acciduntque, eminens,
imperturbatus,
intrepidus: ...
*talis animus **virtus** est*

macht dies klar, wie H.-P. Bütler nachweist (↗Literaturverzeichnis im Textband)
Bei der Lektüre von VII T8.1 kann man darauf als sehr treffendes Beispiel zurückgreifen!

Sollte es sich bei der Lektüre dieser Einheit ergeben, dass eine Klasse davon besonders angesprochen wird und interessiert reagiert, so besteht für den Lehrer die Möglichkeit, auch den zweiten Brief des Plinius an Tacitus zu diesem Thema zu lesen. Er ist auf den Seiten 99–105 dieses Lehrerhefts mit Sub-Linea-Kommentar abgedruckt.

Themeneinheit VII

Der philosophisch-paraenetische oder „offene“ Brief

Zusammenfassende Übersicht über die Einheit VII

Schon in der Einheit I wurde mit der Gegenüberstellung von Briefauszügen Ciceros und dem Brief I 1 von Plinius verdeutlicht, dass der Brief schon in der Antike nicht nur der persönlich-vertraulichen Mitteilung diente, sondern durchaus auch für die Öffentlichkeit bestimmt sein konnte. So gibt es bei Plinius eine ganze Reihe von Briefen, die offensichtlich vom Autor überarbeitet und von vorneherein darauf angelegt sind, Stellungnahmen des Autors zu allgemeinen Problemen in die Öffentlichkeit zu bringen.

Noch eindeutiger ist dies bei Seneca der Fall: seine Briefe an den jedenfalls im Sinne eines echten Briefaustauschs wohl fiktiven Partner Lucilius sind Ausdruck seines ständigen Ringens um das rechte Ethos; die philosophischen Ergebnisse erwachsen aus seiner reichen Lebenserfahrung ebenso wie aus seiner Nähe zur stoischen Philosophie und bringen immer wieder seine erstaunliche Menschenkenntnis zum Ausdruck. Die Themen reichen von der Frage nach dem richtigen alltäglichen menschlichen Verhalten bis zum *honestum* (bzw. zur *virtus*), dem einzigen von der Stoa anerkannten *bonum.*

So kann man durchaus auch von Briefen mit philosophisch-paraenetischem Charakter sprechen, mit denen die Autoren entweder ihre Meinung zu solchen Problemen in die Öffentlichkeit einbringen (Plinius) oder in philosophischer Weise als ethische Mahner ihr Gedankengut verbreiten wollten (Seneca).

Insofern schien es durchaus sinnvoll, zu Beginn dieser Einheit VII erst einige allgemeinere Themen aufzugreifen und an geeigneten Stellen jeweils einen Plinius-Text einem solchen von Seneca gegenüberzustellen.

Dabei laufen folgende Texte mit den genannten Themen parallel.

T1-5
- T2 (Plinius) und T4 (Seneca): Die Gefahr in der Masse
- T3 (Plinius) und T5.1 (Seneca): Die Behandlung von Sklaven

und bis zu einem gewissen Grad auch

- T1 (Plinius) und T5.2 (Seneca): Toleranz und Menschlichkeit

T6 Der Text T6 befasst sich anhand eines Berichts über die Unmoral in den viel besuchten Badeanstalten und berühmten Badeorten mit dem Generalthema 'Moral und Unmoral im öffentlichen Leben', wobei Seneca die Ansicht vertritt, dass man in dieser Hinsicht in der Masse eigentlich immer nur verlieren kann.

T7 Als Gegenstück zu T6 legt Seneca hier dar, dass es Glücksempfinden nur in Verbindung mit Weisheit und im Bemühen um Wissen geben kann.

T8 T8 führt dann direkt in die Philosophie der Stoa hinein *(unum bonum esse, quod honestum est)* und legt dar, wie sich der Mensch gegen die Schläge des Schicksals gefeit machen kann. Der vorgeschlagene Weg führt dann auch zu einem rechten Verständnis des göttlichen Wirkens.

T9 Schließlich versucht Seneca mit T9 zu verdeutlichen, dass nur ein göttliches Wirken die Entwicklung des menschlichen Geistes zur *bona mens* hin bewirken kann, die allein rechtes Maß und die nötige Festigkeit verleiht, um den Schicksalsschlägen begegnen zu können. Denn allein dieser Geist *(animus et ratio in animo perfecta)* ermöglicht es uns, *secundum naturam vivere,* also den rechten, von der natürlichen Ordnung gewollten Lebensweg einzuschlagen.

Plinius

T1 Plinius wirbt für Toleranz

Spezielle Literatur:
Inhaltlich paralleler Text: Brief V 19,2 (*...tanto maior humanitas adhibenda est...*), eventuell auch als Schulaufgabe/Probe verwendbar;
H.-P. Bütler: Die geistige Welt des jüngeren Plinius, Heidelberg 1970, S. 111

a) Didaktische Begründung:
Das Thema des selbstgerechten, alle kritisierenden, nur sich selbst nicht in seinen Fehlern erkennenden Menschen ist absolut auch unserer Zeit gemäß und kommt erfahrungsgemäß bei Schülern sehr gut an. Vor allem das berühmte Thrasea-Zitat am Ende *(qui vitia odit, homines odit)* trifft als eine ernste Mahnung das Verhalten der Menschen so genau, dass auch Jugendliche im Alter von 16–18 Jahren bereit sind, sich ernsthaft damit zu befassen, wie man immer wieder im Unterricht erfahren kann.
Plinius verstärkt aber die Wirkung noch dadurch, dass er im beinahe urchristlichen Sinne fordert, auch den schlimmsten Gegnern Nachsicht zu gewähren *(exorabilis iis etiam, qui dare veniam nisi sibi nesciunt).*

b) Einstieg:
Der Einstieg in den Text kann von der Abbildung (S.76) her erfolgen: man hat dann auch gleich die einschlägige Bibelstelle aus dem Matthäus-Evangelium vor Augen (Bildunterschrift) und kann sich das durch den ersten Textabschnitt bestätigen lassen.

c) Textaufbau und Interpretationslinien:
Der erste Abschnitt charakterisiert mit außerordentlich komprimierten und treffsicheren Aussagen die Menschen im Sinne des Bibelworts:

> *Was siehst du aber den Splitter in deines Bruders Auge*
> *und wirst nicht gewahr des Balkens in deinem Auge?*

so wie eben Menschen gerne andere für Fehler und Laster belangen, denen sie selbst am meisten anhängen.

qui omnium libidinum servi
sic aliorem vitiis irascuntur,
quasi invideant
et gravissime puniunt,
quos maxime imitantur.

Dabei muss die Linie

omnium libidinum servi (!) – irascuntur –
quasi invideant (!) – imitantur

besonders hervorgehoben und beachtet werden.

Entscheidend ist die saubere Interpretation des Wortes *invideant* im Sinne von „missgönnen", weil damit ausgesagt ist, dass solche Menschen eigentlich die kritisierten Laster am liebsten für sich selbst in Anspruch nehmen wollen, was auch in der Formulierung *imitantur* zum Ausdruck kommt.

Aber auch die, die selbst keiner Milde bedürfen, weil sie sich korrekt verhalten haben, ziert nach Plinius' Meinung nichts mehr als Milde! Das steht als Meinung den christlichen Überzeugungen sehr nahe.

Der zweite Abschnitt bringt noch eine deutliche Verschärfung der genannten These:

optimus et emendatissimus est,
qui ceteris ita ignoscit
tamquam ipse peccet,
ita peccatis abstinet,
tamquam nemini ignoscat.

Also Strenge gegen sich selbst, Milde gegen andere.

Der dritte Abschnitt fasst das (mit verstärkendem Chiasmus) noch einmal kurz zusammen:

nobis implacabiles simus
exorabiles iis etiam,
qui dare veniam nisi sibi nesciunt.

Also fast im urchristlichen Sinn sozusagen auch die andere Backe hinhalten. Die Summierung bringt dann das Thrasea-Zitat:

Qui vitia odit, homines odit,

oder mit anderen Worten: Alle Menschen haben Fehler, deshalb ist es inhuman, Fehler nicht zu verstehen und zu verzeihen.

d) Zur sprachlichen Arbeit:

Die meisten Erscheinungen der bei diesem Text für die Interpretation besonders wichtigen Redefiguren sind unter c) schon aufgeführt. Zu ergänzen wäre vielleicht noch:

***hoc** domi – **hoc** foris – **hoc** in omni vitae genere teneamus.*

T2 Unwert der Massenvergnügungen

Spezielle Literatur:
H.-P. Bütler: Die geistige Welt des jüngeren Plinius, Heidelberg 1970, S. 143 f.

a) Didaktische Begründung:
Die 'Flucht in die Masse', das 'Sich verbergen in der Masse' und der schlechte Einfluss der Massen auf den Einzelmenschen ist auch in unserer Zeit ein sehr bedeutsames Thema, mit dem junge Menschen vertraut gemacht werden sollten.
Dazu gehört z.B. die Massenhysterie, die Fans von Vereinen oder Besucher von Open-Air-Festivals in ihrem Kult immer wieder erzeugen. Man denke nur daran, dass beispielsweise die Fan-Artikel-Geschäfte heutzutage schon ein nicht mehr wegdenkbarer wirtschaftlicher Faktor sind. Freilich wird dieser „Fan"-atismus in so schlimmer Art und Weise betrieben, dass die Gedanken des Plinius mitten ins Schwarze treffen.
Hier gilt es, die fehlende Werthaftigkeit solchen Denkens und Handelns zu verdeutlichen und jungen Menschen die Augen zu öffnen.

b) Einstieg:
Der Einstieg ist sehr leicht vom Rekonstruktionsmodell des (voll besetzten) Circus Maximus her zum Rummel in den heutigen Stadien zu finden. Bezieht man dann noch die kilometerlangen Fan-Shops (beispielsweise zwischen Omnibus-Anfahrts-Stelle und Olympia-Stadion in München) ein, so findet man sehr schnell zum Thema und Inhalt des Texts.

c) Textaufbau und Interpretationslinien:
Im ersten Abschnitt teilt Plinius (ein wenig selbstzufrieden) mit, dass er die Zeit (hier wohl während der *Circenses*) mit aller Gelassenheit *inter pugillares et tabellos* bei seiner Arbeit verbringt. Er lässt sich von der Massenhysterie um die *spectacula* nicht beeindrucken *(ne levissime quidem teneor).* Plinius stellt zu Recht fest, dass davon nichts neu, nichts abwechslungsreich ist, nichts, was nicht einmal gesehen zu haben, genügt. Im zweiten Abschnitt folgt ein sehr hartes Urteil über die 'Fans':

tam pueriliter identidem cupere videre
currentes equos,
insistentes curribus homines.

Verständlich wäre für ihn eine Bewunderung für die Schnelligkeit der Pferde oder die Kunst der Lenker, aber was beklatschen die Anhänger:

favent panno
pannum amant.

Die Farbe des Trikots reißt sie von den Sitzen und sie würden – so meint Plinius – es nicht merken, wenn man die Trikotfarben austauschen würde: sie würden weiter die gleiche Farbe beklatschen!

Cum colore transibit studium favorque.

Sie würden also die bisherigen Favoriten verlassen und bei der Farbe bleiben.
Auch der dritte Abschnitt geht zunächst noch einmal darauf ein. Schon die Wort-

wahl in diesen Zeilen zeigt drastisch das Unsolide, Wechselhafte auf, zeigt, wie vergänglich solches Streben ist:

hic/illuc – ille/huc – transferatur –
transibit –
repente relinquent –
vilissima tunica – re inani/frigida.

Dies gilt dann vor allem für die Differenzierung *vulgus – graves homines.* (vgl. die nachstehende Übersicht!)
Dem stellt Plinius sein *otium in litteris* gegenüber und hält das für eine wesentlich wertvollere Verwendung seiner Zeit.
Hier muss man mit den Schülern ganz sicher auch darüber diskutieren, inwieweit diese Ansicht richtig ist: der dem Treiben der Welt ferne, ganz in seine Bücher versunkene Denker oder Philosoph wird wohl nicht mehr ganz zu vermitteln sein, und unserer Zeit obliegt es wohl mehr, die richtige Mitte zu finden. In einer systematischen Übersicht könnte man die Gegensätze anhand der Textaussagen etwa folgendermaßen darstellen:

vulgus		***graves homines*** *(=Plinius)*
in urbe *Circenses erant*		*omne hoc tempus inter pugillares* *ac libellos... quiete transmisi*
quo genere spectaculi	→	*ne levissime quidem teneor* *nihil novum, nihil varium,* *nihil, quod non semel... sufficiat*
tot milia virorum *identidem cupere videre* *currentes equos* *insistentes ...homines*	→	*miror* ↓ (Urteil:) *tam pueriliter*
		velocitas equorum } *ars hominum* } *ratio nonnulla*
↓ *SED*	←	(*ratio nonnulla*)
favent panno *pannum amant*	→	*tanta gratia in una vilissima panno* *SED*
studium / favor transibit *quos procul noscitant, relinquent*	←	(*SED*)
graves homines?? *In re inani, frigida, assidua* *tam insatiabiliter desidere*	><	*capio aliquam voluptatem* *quod hac voluptate non capior*
otiosissimae occupationes		*otium in litteris colloco*

Von T2 kann man, ja sollte man übergehen zu Text 4 (dem Seneca-Brief 7), in welchem dieser das gleiche Thema behandelt. Der Vergleich und die differenzierende Abgrenzung sind sicher ergiebig für die Meinungsbildung bei den Schülern. Wen man diesen Weg wählt, fährt man mit T4 auf Seite 79 (im Textband) fort (hier im Lehrerheft S. 81).

T3 Humanitas im Alltag: Sklaven sind auch Menschen

a) Didaktische Begründung:
Das Thema der Gleichberechtigung zwischen den Menschen und Rassen ist ein durchaus modernes, ja es tauchte gerade in jüngster Zeit wieder auf, nachdem schon bei der Auseinandersetzung zwischen Weißen und Schwarzen in Amerika die Emotionen sehr auf die ganze übrige Welt übergegriffen hatten. So ist es sicher richtig, die Frage der Gleichberechtigung, – auch wenn bei uns selbst Sklaverei allenfalls noch im übertragenen Sinn vorzufinden und der Vorwurf berechtigt sein mag – mit Schülern zu diskutieren, vor allem aber die humanen und humanistischen Aspekte herauszuarbeiten. Es geht ja nicht zuletzt auch um die *vitia Cardinalia* „Stolz und Vorurteil"!
Sicher schadet es auch nicht, wenn die Schüler erfahren, dass schon in der damaligen Zeit in Rom, in der Sklaverei ja etwas ganz Selbstverständliches war, sich immer wieder Menschen zu dieser Frage Gedanken gemacht oder zumindest Überlegungen zu einem humanen Umgang mit diesen versklavten Menschen angestellt haben.

b) Einstieg:
Man kann davon ausgehen, dass sich auch ein Teil der Schüler über Sklavenhalterei oder zumindest über die Rassen-Diskriminierung, die ja damit zusammenhängt, informiert hat. Der Name Martin Luther King wird auch in anderen Fächern immer wieder angesprochen. Eine Diskussion wird also sicher leicht anzuregen sein. Auch die Abbildungen auf S. 82/83 im Textband können Ausgangspunkt für die Behandlung des Themas in T3 (bzw. in T5 bei Seneca!) werden.

c) Textaufbau und Interpretationslinien:
Plinius steigt über seine eigenen Probleme mit seinen Sklaven in das Thema ein: Er betrachtet Sklaven nicht als Arbeitsmaterial, wie es sicher viele Römer taten. Dazu kann man im inhaltlich parallelen Brief V 19 noch sehr viel Material finden; gerade dieser Brief erweist Plinius als einen human denkenden Menschen, der sich in dieser Hinsicht sehr weit vom Denken seiner römischen Zeitgenossen unterschied. Er legt zu Beginn des Textes dar, dass er immer wieder betroffen ist, wenn einer der ja meist hart arbeitenden und reichlich ausgenützten Sklaven erkrankt oder gar stirbt, was anscheinend des Öfteren vorkommt. Dabei zeigt sich, wie schon bei anderen Plinius-Briefen, dass Plinius wohl ein sehr sensibler, feinfühliger Mensch war, der nicht so ohne weiteres das allgemeine Verhalten der Römer gegenüber diesen meist brutal behandelten Menschen übernahm.

Er berichtet dann von seinen bescheidenen Versuchen, auch seinen Sklaven ein menschenwürdiges Leben zu ermöglichen und ihnen ein wenig Selbstachtung zu verleihen, wozu er manchmal die Möglichkeit der Freilassung nützt, in anderen Fällen die Sklaven die Rechte von Freien ausüben lässt wie z.B. das Schreiben von Testamenten, die er in seiner gutmütigen korrekten Art überwacht wie gesetzlich gültige Testamente von Römern *(ut legitima custodio – pareo ut iussus).*

Der zweite Abschnitt schildert die Reaktion der Sklaven auf diese Maßnahmen und man spürt aus dem Bericht sehr wohl, dass es Plinius gelingt, ihnen ein Minimum an Lebensgefühl und Lebensbewusstsein wiederzugeben. In diesem zweiten Abschnitt muss man vor allem auch auf den Satz eingehen

servis res publica et quasi civitas domus est!

An dieser Stelle lohnt es sich, in einer Diskussion oder über ein an Schüler ausgegebenes Referat (Unterlagen in einer RE; s. Literaturverzeichnis) näher auf den Status der Familie in Rom einzugehen.

Wie „festgemauert“ dieser Status ist, zeigt dann sehr deutlich die selbstkritische Betrachtung des Plinius zu seiner Handlungsweise in Abschnitt drei: er muss sich sozusagen selbst versichern, dass er bei seiner humanen Haltung bleiben will.

Freilich macht er im nächsten (vierten) Abschnitt eindeutig klar, wie wohl die meisten Römer über solche Humanität dachten, die Plinius in folgenden Formulierungen erfasst:

Hominis est... affici dolore, sentire, solacia admittere.

Die Römer aber sehen das anders, wie sich eindeutig in der Formulierung

nihil amplius vocare quam damnum

ausdrückt.

Im letzten Abschnitt gibt er sich dann ganz seinen Emotionen hin: Er will eigentlich mehr für ein humanes Verhalten tun, gibt aber offen zu, dass das wohl auf eine gewisse *voluptas dolendi* zurückzuführen ist, die dann bei einem guten Freund Lob oder Nachsicht findet.

Zweifellos ein sehr emotionaler Brief, so gar nicht den selbst- und herrschsicheren Römern jener Zeit angemessen, aber sehr menschlich und empfindsam.

Hier könnte/sollte man wieder den thematisch parallelen Text T5 von Seneca anschließen (↗ S. 85 hier im Lehrerheft). Dort ist auch die zusammenfassende, mit Senecas parallelen Aussagen vergleichende Übersicht zu finden (S. 87).

Seneca

T4 Die Gefahr in der Masse: Überall wirst du verändert!

Vorbemerkung:
Dieser Text sollte parallel zu T2, d.h. zum Plinius-Brief IX 6 behandelt werden (↗ S. 77). Die vergleichende Betrachtung ist inhaltlich und für die kritische Beurteilung besonders ergiebig.

a) Didaktische Begründung:
Seneca geht in ganz anderer und tiefer schürfender Weise auf das in T2 auch schon von Plinius behandelte Problem ein (↗systematisch-vergleichende Betrachtung unter f): während Plinius ganz einfach seine Abneigung gegen die Masse und ihren Fanatismus mehr oder weniger stimmungsmäßig zum Ausdruck bringt, befasst sich Seneca mit dem Thema in seiner popular-philosophischen Art. Wenn man den Schülern diesen Unterschied klarmachen kann, ist schon viel gewonnen.
In T4.2 und T4.3 kommt dann mit dem praktischen Beispiel der grausamen Gladiatorenspiele ein Bewusstmachen dessen hinzu, dass die Menschen in der Masse immer hemmungsloser und brutaler reagieren als in Einzelverantwortung.
Schließlich wird klar herausgestellt, wie man auf solche Weise der Masse die Sensibilität für Gut und Böse nimmt. Es geht also um Charakterformung, und das ist im Alter von 17–18 Jahren besonders wichtig.
Wenn junge Menschen mit den genannten Gefahren vertraut gemacht werden, so ist das für sie eine große Hilfe für das Beurteilen und Wählen des richtigen Umgangs.

b) Einstieg:
Zum Einstieg kann man gleich auf drei Abbildungen zurückgreifen (S. 77, 79, 80 im Textband): alle lassen sich gut für die Einstimmung verwenden, wenn auch sicher für junge Menschen unserer Zeit das Bild aus dem Film 'Ben Hur' den größten Anreiz hat.
Geht man davon aus, so ist das Amphitheater in Rom auch gut geeignet für die Einstimmung in T4.2, wo es ja um die dortigen grausamen Kämpfe geht.
Wenn man den Plinius-Brief (T2) schon gelesen hat, kann man auch davon ausgehen und anhand einer kurzen Rekapitulation der dort erarbeiteten Gedanken in den Seneca-Text einsteigen.

T4.1 Die Menge verdirbt den Charakter

Spezielle Literatur: s. Ergänzendes Literaturverzeichnis, S. 106/107, 4.5

c) Textaufbau und Interpretationslinien:
Nach einem ganz kurzen Anreißen des Problems *(Quid tibi vitandum praecipue existimem, quaeris?)* und nachdem er seine klare Ablehnung ausgedrückt hat, macht

Seneca in einem Bild *(Quod aegris evenit...)* deutlich, worum es ihm geht, und begründet seine ablehnende Haltung:

nemo non aliquod nobis vitium aut commendat
aut imprimit
aut adlinit nescientibus
quo maior est populus, cui miscemur,
hoc periculi plus est.

So ist es leicht nachvollziehbar und gut begründet, wenn er eingangs festgestellt hat:

nondum illi tuto committeris.

T4.2 Morden als Schauspiel

c) Textaufbau und Interpretationslinien:

Nach einem kurzen Hinweis auf die besondere Gefährdung bei den sogenannten *spectacula,* weil eben dort die *voluptas* am meisten geweckt wird (woran man sofort wieder den Stoiker erkennt), nennt Seneca konkret die Veränderungen, die sich beim Aufenthalt in der Masse im menschlichen Charakter vollziehen:

Avarior redeo,
ambitiosior,
luxuriosior,
crudelior et inhumanior.

Diese für Stoiker sowieso schon sehr negativen Eigenschaften werden durch den Abschluss-Gliedsatz *quia inter homines fui* noch abstoßender.
Das wird dann durch zahlreiche Beispiele von den *spectacula* im Amphitheater noch untermauert, die alle ein Übermaß an unmenschlicher Grausamkeit belegen.
In diesem Zusammenhang könnte es für die Verdeutlichung von Senecas Anliegen sehr wirksam sein, anhand von aktuellen Beispielen aus dem modernen Film-Angebot aufzuzeigen, wie in sehr vielen sogenannten 'Action-Filmen' unserer Zeit nichts anderes geschieht, als das diesbezügliche 'Bedürfnis' bei den Menschen zu befriedigen: Je brutaler die Szenen, desto besser verkaufen sich diese Filme. Und der einzige Unterschied zu den Gladiatorenkämpfen besteht darin, dass das 'nur' im Film geschieht. An die prägende Wirkung wird selten gedacht.

T4.3 Gewalttätigkeit steckt an

c) Textaufbau und Interpretationslinien:

Die Beschreibung der grausamen Handlungen in den Arenen und Amphitheatern setzt sich im ersten Abschnitt von T4.3 und zu Anfang des zweiten Abschnitts noch fort. Dann geht Seneca ganz unvermittelt dazu über, die Folgen solchen Handelns und solcher Vergnügungen darzulegen:

mala exempla in eos redundare, qui faciunt.

Er weist darauf hin, dass man von Glück reden könne, wenn man solche zur Grausamkeit erziehe, die das nicht zu lernen verstünden.
Schließlich betont Seneca – um die Gefahr zu veranschaulichen, die von solchen

Veranstaltungen ausgeht –, dass selbst sittenstarken Männern wie Cato die ihnen ungleiche Masse ihre Gesittung hätte nehmen können. So können erst recht nicht wir normale Menschen dem Ansturm der Laster standhalten. Hier könnte man noch einmal zur kritischen Betrachtung der zeitgenössischen Film-'Kultur' zurückkehren.
Mit der Formulierung *necesse est aut imiteris aut oderis* stellt er dann die zunächst sich anbietende Alternative vor Augen: Entweder mitmachen oder sich im Hass abwenden.
Aber sehr schnell kommt wieder der 'christliche Zug' an Seneca zum Vorschein: Beide Haltungen wären falsch! Man darf sich weder der großen Masse anpassen noch sie hassen, weil sie anders denkt. Und soweit ist Senecas kritische Betrachtung auch überaus zeitgemäß!
Sein Rat lautet dementsprechend: Geh in dich selbst, tu dich mit denen zusammen, die dich positiv beeinflussen können und verschließ' dich denen nicht, die du positiv beeinflussen kannst!

e) drei kurze Begleit-Texte:
Dazu kann man den Schülern z.B. als Hausaufgabe die Frage stellen: Wie lassen sich diese Aussagen (B1–3) in das Ergebnis unserer Text-Analyse einordnen? Was ergibt der Vergleich mit Senecas Folgerungen?

f) Zusammenfassende Übersicht:
Wenn man nun von der Analyse des unter T2 abgedruckten Plinius-Briefs ausgeht und die Aussagen des Plinius mit denen Senecas vergleicht, so könnte man etwa folgende Übersicht mit den Schülern erarbeiten, was vor allem dann ohne große Probleme möglich sein sollte, wenn man schon bei der Lektüre des Plinius-Briefs entsprechend Ergebnisse festgehalten hat (↗ bei T2).
Die unterschiedlichen Denk- und Handlungsweisen, der Unterschied in den Charakteren der Autoren, aber auch in der unterschiedlichen zeitlichen Einordnung stellen sich im Gegenüber dann etwa folgendermaßen dar:

Aspekt:	**Plinius (T2):**	**Seneca (T4):**
Massenveranstaltungen:	*Circenses* *spectacula* (T2, Z.2)	*spectacula* *meridianum spectaculum* (T4.2, Z.1 u. 4)
Inhalt derselben:	*currentes equi* *insistentes curribus homines* (T2, Z.6) *res inanis et frigida* (T2, Z.14)	*omissis nugis mera homicidia sunt* *exitus pugnantium mors est* *interfectores interfecturis iubent obici* (T4.2, Z.7 u. 11–12)
Verhalten der Teilnehmer:	*favent panno, pannum amant* (T2, Z.7/8) *studium, favor transibit* (T2, Z.9)	*„Occide, verbera, ure!"* (T4.3, Z.2) *Quare parum libenter moritur* (T4.3, Z.3) *„iugulentur homines, ne nihil agatur* (T4.3, Z.7)
Wirkung auf die Masse:	*tot milia hominum identidem cupere* (T2, Z.5) *insatiabiliter desidere* (T2, Z.14)	*subducendus tener animus* *facile transitur ad plures* (T4.3, Z.12) *necesse est imiteris aut oderis* (T4.3, Z.17) *inimica est multorum conversatio* (T4.1, Z.5) *nemo non nobis aliquod vitium imprimit* (T4.1, Z.6)
Wirkung auf Plinius/Seneca:	*ne levissime quidem teneor* (T2, Z.3) *hac voluptate non capior* (T2, Z.15)	*confitebor imbecillitatem meam* (T4.1, Z.2) *avarior, crudelior, inhumanior redeo* (T4.2, Z.3)
Reaktion:	*omne tempus inter pugillares ac libellos transmisi – nihil novum, nihil, quod non semel spectasse sufficiat* (T2, Z.4ff)	*recede in te ipsum, quantum potes – cum his versare, qui te meliorem facturi sunt – admitte, quos tu potes facere meliores* (T4.3, Z.19ff)

T5 Die Behandlung der Sklaven

Vorbemerkung:
Auch bei diesem Text empfiehlt sich die vergleichende Behandlung mit T3, dem Brief VIII 16 des Plinius, zum gleichen Thema.

Spezielle Literatur: s. Ergänzendes Literaturverzeichnis S. 106/107, 4.8

a) Didaktische Begründung:
Dazu wären die Feststellungen zu T3 a) heranzuziehen, die in vielem auch für Seneca gelten: Wenn man von der Behandlung von Sklaven spricht, spielen zwei Grund-Untugenden, nämlich Stolz und Vorurteil ja eine entscheidende Rolle. Für die Zeit Senecas sind Gleichbehandlung von Menschen und Gleichberechtigung aller Menschen und Rassen ein weithin unbekannter Begriff.
Darstellenswert ist auch die Tatsache, dass Seneca in T5.2 eine Art 'Nest-Beschmutzung' seines Volks vollzieht und damit das betreibt, was man heute Vergangenheitsbewältigung (in diesem Fall Gegenwartsbewältigung) nennt.
Ein sehr bedeutsames Thema ist auch die von Seneca aufgeworfene Frage der Schicksalsunterworfenheit aller Menschen. Schließlich klingt immer wieder der stoische Hintergrund („Nur die Gesittung und Gesinnung zählen!") an.

b) Einstieg:
Die Einstimmung kann von der Abbildungen auf S. 82/83 her erfolgen. Auch andere Bilddokumente, wie z.B. das berühmte Sklavenhalsband, könnten herangezogen werden.
Wenn man den Plinius-Text zur gleichen Thematik (T3) schon gelesen hat, kann man (s.o.) auch davon ausgehen.
Es wäre aber auch eine einstimmende Diskussion mit den Schülern zum Rassenproblem (das ja auch ein Sklavenproblem ist) vorstellbar; aus dieser Diskussion könnte man dann zum Text hinführen; generell geht es ja um die Gleichberechtigung von Menschen bzw. um die Einstufung von Menschen als zweitklassige Individuen.

T5.1 Wie barbarisch geht ihr mit den Sklaven um!

c) Textaufbau und Interpretationslinien:
Im ersten Abschnitt stellt Seneca in einem fingierten Gespräch die Notwendigkeit heraus, von Vorurteilen abzuweichen und auch Sklaven als Menschen anzuerkennen und sie mit mehr Toleranz zu behandeln. Sklaven sind Mitmenschen, Hausgenossen, Freunde; ihr Schicksal kann auch andere treffen.
Im zweiten Teil des Textes geißelt er nachdrücklich die stolze Haltung der *domini* als *consuetudo superbissima* und spricht verschiedene Unsitten dieser *domini* an.
Der dritte Abschnitt bringt dann Einzelbeispiele für die sehr grausamen und hochmütigen Verhaltensweisen der Herren; die negativen Folgen werden aufge-

zählt, denn solchermaßen unterdrückte Sklaven sprechen, weil sie eben *mit* ihrem Herrn nicht mehr sprechen dürfen und können, *über* ihn. Mit der Darstellung des gegenteiligen menschlichen Verhaltens gegenüber Sklaven und mit deren daraus resultierenden Dankbarkeits- und Treuebeweisen legt Seneca dar, dass Liebe und Toleranz immer mehr vermögen als Härte und Hochmut. Hier kann man, vor allem wenn man diesen Brief schon gelesen hat, zur vergleichenden Interpretation den Text V T2.2, Z.10 f (Plinius-Brief VIII 24) heranziehen; auch die ähnliche Stelle im Cicero-Brief V T3.2, Z.10f kann einbezogen werden.

T5.2 Für mich zählt nicht der Stand, sondern das Ethos

c) Textaufbau und Interpretationslinien:
Seneca betont im ersten Abschnitt noch einmal die hochnäsig-grausame und kränkende Art, mit der die römischen Herren ihre Sklaven behandeln. Er stellt dem im zweiten Abschnitt folgende *praecepta* gegenüber:

Sic cum inferiore vivas,
quemadmodum tecum superiorem velis vivere;
veniat in mentem
tantundem in te domino tuo licere!

Das Schicksal kann sich wandeln, meint Seneca, Herren können zu Sklaven werden. Er wünscht sich für die Sklaven *clementia, comitas, admissio (in consilium)* und *convictus,* also eine wirkliche, auch innerliche menschliche Gemeinschaft, ganz im Sinne moderner Gleichberechtigungstheorien.
Schließlich legt er im letzten Abschnitt dar, dass man beim Umgang mit den Sklaven genauso differenzieren muss wie beim Umgang mit den anderen Menschen: man sollte sie nicht nach ihrer Stellung und ihrem Amt, sondern nach ihrem Verhalten einschätzen.

f) Zusammenfassende Übersicht
Wie schon oben erwähnt, sollte man auch hier nicht versäumen, die Aussagen Senecas zu diesem Thema mit denen des Plinius (↗T3 oben) zu vergleichen.
Dabei könnte man über folgende Fragen weiterkommen:

1. Warum äußert sich Plinius nicht allgemein zur Behandlung der Sklaven in so kritischer Weise wie Seneca?
2. Wie unterscheidet sich die Darstellung der beiden hinsichtlich der Behandlung der Sklaven durch die Herren?
3. Inwiefern finden sich bei Seneca auch allgemeine *praecepta* zum Verhalten gegenüber Sklaven? Warum schweigt Plinius dazu?
4. Welche Stellungnahme der beiden Brief-Autoren könnte man eher als persönliche Anteilnahme, welche eher als grundsätzlich-ethische Darlegung bezeichnen?

Aspekte:	bei Plinius:	bei Seneca:
1. übliche Behandlung der Sklaven		*movere labra non licet –* *virgā murmur omne compescitur –* *ne fortuita quidem verberibus excepta sunt –* *nocte tota ieiuni perstant* (T5.1, Z.11 ff)
2. Verhalten der reichen Römer	*non ignoro alios eiusmodi casus nihil amplius vocare quam damnum* (T3, Z.12)	*superbissimi, crudelissimi, contumeliosissimi sunt* (T5.2, Z.2)
3. Folgen dieses Verhaltens		*isti de domino loquantur, quibus coram domino loqui non licet* (T5.1, Z.14/15)
4. Wie sehen die Herren ihr Tun, wie Plinius und Seneca?	*sibi sapientes videri* (T3, Z.13) *Homines non sunt* (T3, Z.14)	*rideo istos, qui turpe existimant, ...* (T5.1, Z.6) *prudentiam (non) decet* (T5.1, Z.2)
5. Wie halten das Plinius und Seneca?	*confecerunt me infirmitates –* *facilitas manumittendi –* *permitto testamenta facere* (T3, Z.1–5)	*familiariter cum servis vivere –* *contubernales sunt,* *homines sunt, humiles amici sunt* (T5.1, Z.1–4)
6. Wie sehen Plinius und Seneca die Situation?	*servis res publica quaedam et quasi civitas domus est* (T3, Z.8f)	*tantundem Fortunae in servos ac dominos licere* (T5.1, Z.4)
7. Ihre Verhaltens-vorgaben	*Hominis est affici dolore, sentire, solacia admittere* (T3, Z.14f)	*Sic cum inferiore vivas, quemadadmodum tecum superiorem velis vivere* (T5.2, Z.4)
8. Äußerungen von Zwiespalt	*debilitor et frangor eadem illa humanitate, quae me... induxit* (T3, Z.9)	
Fazit	↓ Wer seine Sklaven unmenschlich behandelt, ist von *humanitas* weit entfernt.	↓ Menschlichkeit ist ein Beweis für Klugheit und Bildung.

Seneca, T6 bis T9

Vorbemerkung zu T6–9:
Mit dem Text T6 tritt die Seneca-Lektüre immer mehr in einen Bereich ein, in welchem der Philosoph mit seinen Briefen Gedankengut der stoischen Ethik vertritt. Der Lehrer sollte den Schülern zum besseren Verständnis der Texte vorab eine Grundlage schaffen, indem er in einem Lehrvortrag oder durch Vergabe von Referaten die nötigen Grundkenntnisse verschafft, auf welche die Schüler bei der Lektüre zurückgreifen und so leichter die Texte verstehen können. Im Folgenden ist dargestellt, wie man in Kürze die wesentlichen Punkte zur stoischen Philosophie für die weitere Arbeit fixieren könnte. Der Vorschlag geht auf folgende Literatur zurück:

- F. Eckstein, Abriss der griechischen Philosophie, Frankfurt 1965
  Die Stoiker, S. 113–115
- Lexikon der Alten Welt, Artemis-Verlag, Zürich 1965
  Art. 'Stoiker', S. 2929–2932

Die Stoa

Zum Namen:
Diese philosophische Richtung ist nach der Säulenhalle in Athen *(stoa)* benannt, die auf der S. 88 im Textband abgebildet ist. Dort pflegten ihre Vertreter zu diskutieren.

Wichtigste Vertreter:
Ältere Stoa (310–160):
Zenon von Kition, Begründer (332–261)
Kleanthes (304–232)
Chrysipp (281–208)
Mittlere Stoa:
Panaitios von Rhodos (180–110), Freund des jüngeren Scipio
Poseidonios von Syrien (130–50), Lehrer Ciceros
Jüngere Stoa:
Seneca (4 v. Chr. –65 n. Chr.)
Epiktet (60–140)
Marc Aurel (161–180)

Die Naturlehre der Stoa:
Die Naturlehre der Stoa ist materialistisch und monistisch. Die Natur ist eine Einheit, ein geordnetes Gebilde und beseeltes Wesen. Stoff und Form, Körper und Geist sind eins. Die ganze Welt ist eine einheitliche, körperlich-stoffliche Substanz. Nicht nur die sinnlich wahrnehmbaren Dinge, auch die in der Welt als Gesetz wirkende Weltvernunft, die Seele, die Tugenden und unsere Affekte haben einen körperlichen Ursprung. Unkörperlich sind nur der Raum, die Leere und die Zeit.

Dabei ist die Weltvernunft kein geistiges Wesen, sondern wird als „stoffliches Feuer" (Heraklit) gedacht. Dieses „Pneuma" durchströmt alles und bewirkt, dass die Welt ein beseeltes Ganzes ist. Aus ihm entwickeln sich auch die vier Urelemente Aether, Wasser, Erde, Luft. Die Gottheit gestaltet als Weltvernunft die Materie zum zweckerfüllten Kosmos.
Abbild der Allseele ist der Mensch, ein Kosmos im Kleinen. Die menschliche Seele ist das Abbild der Allseele.

Die Logik der Stoa:
So wie alle Erscheinungen der Natur rational zu erklären sind, bedarf auch jede Entscheidung des Menschen der Zustimmung der Vernunft *(logos)*.
Auch der *logos* ist (als feuriges *pneuma*) feinste Materie, welche die ganze Welt und somit auch jeden Menschen durchzieht.

Die Ethik der Stoa:
Die Ethik der Stoa gründet sich ursprünglich auf den Selbsterhaltungstrieb, der als Urtrieb Wirken, Handeln und Zweck des Menschen in Einklang bringen will mit der eigenen Natur, die ein Teil der Allwelt-Vernunft ist.
Die Stoa vertritt einen radikalen ethischen Standpunkt:

- Die Glückseligkeit besteht ausschließlich aus der Tugend, dem Sittlich-Guten, auch *honestum* oder einfach *virtus* genannt.

- Tugenden und Laster sind reine Qualitäten.
  Den vier Grundtugenden
  Einsicht/Vernunft,
  Gerechtigkeit,
  Tapferkeit,
  Besonnenheit
  stehen vier Laster gegenüber:
  Unwissen/Unvernunft
  Ungerechtigkeit
  Feigheit
  Unbesonnenheit, Zügellosigkeit.

- Der Weise allein ist glücklich, frei und reich, wahrer Bürger und wahrer Staatsmann.

- Unbeirrbar ist das „Tugend-Pathos" (Lexikon der Alten Welt) der Stoa: Es gibt außer der Tugend keine anderen Güter wie etwa Besitz, Ehre, Gesundheit. Letztere sind für die Stoa gleichgültig *(adiáphora – indifferentia)*. Sie sind vergänglich und können deshalb dem Menschen kein Glück bringen.

- Den Leidenschaften/Affekten muss man sich wegen ihrer gefährlichen Wirkung entziehen, insbesondere den Affekten Lust/Unlust und Begierde/Furcht.

T6 Misstrauen gegenüber jeglichem Luxus

Spezielle Literatur: s. Ergänzendes Literaturverzeichnis, S. 106/107, 4.9

a) Didaktische Begründung:
Natürlich ist in unserer Zeit eine Moral-Diskussion mit Schülern nicht einfach: Wenn manche Sender zur besten Kinder-Sendezeit im Fernsehen ungeniert Sex-Praktiken vorführen, tut man sich schon schwer, auf moralische Schranken hinzuweisen. Gleiches gilt für die Selbstverständlichkeit, mit der junge Menschen heutzutage Ansprüche stellen und alle Annehmlichkeiten für üblich und normal halten. Diese Situation darf aber sicher nicht dazu führen, dass wir Altphilologen mit dem Anspruch, Vertreter des humanistischen Gedankenguts zu sein, zurückhaltend und brav um solche Probleme herumreden oder dazu schweigen. Auch wenn es oft sehr problematisch ist, die von Seneca vertretenen Moral-Vorstellungen vor Augen zu führen, entbindet uns das – gerade in unserer Zeit und gerade bei ihren Gepflogenheiten – nicht von dieser Pflicht. Wenn Altphilologen für sich in Anspruch nehmen, über andere Fächer hinaus Werte zu vermitteln, dann müssen sie auch solche Hürden vor diesen Werten bewältigen.

b) Einstieg:
Für diesen Text 6 bietet sich eine Fülle von Einstimmungsmöglichkeiten an:

- Man kann einfach von den Karten (S. 70 und 104 im Textband) ausgehen und beide Badeorte dort aufsuchen, den einen am Fuß des Aetna gelegen, den anderen am Golf von Puteoli in Campanien.
  Eine andere und gleich ins Thema führende Möglichkeit wäre es, von den heutigen Badeurlaubsorten auszugehen und von Beobachtungen der Schüler her ins Thema zu führen.
- Auch ganz generell von den Bädern und damit von der Abbildung auf S. 85 auszugehen, anhand der Rekonstruktionszeichnung die erstaunliche Kultur und die sportlichen Möglichkeiten, aber auch die Probleme der Zeit aufzuzeigen und so zum Text hinzuführen, wäre sicher keine schlechte Lösung.

T6.1 Vorsicht vor Luxus-Urlaubsplätzen

c) Textaufbau und Interpretationslinien:
Der erste Textabschnitt führt kurz in die Situation ein: Der Briefpartner Lucilius amtiert auf Sizilien irgendwo in der Nähe des Aetna als Procurator, Seneca hat seinen Urlaub in dem in der Antike berühmten Badeort Baiae in Campanien geplant, der schon zu Ciceros Zeit eine Fülle von Urlaubsvergnügungen (z.B. Schiffsrundfahrten oder musikalisch umrahmte Feten) für die Begüterten bot und als Badeort von Natur aus gute Voraussetzungen (Klima und heiße Naturquellen) mitbrachte. Dennoch oder besser gerade deshalb – und damit ist Seneca beim Thema – hat er ihn schon am Tag nach seiner Ankunft wieder verlassen: *luxuria illum (locum) sibi celebrandum desumpsit.* Die „oberen Zehntausend" haben sich dieses Bad für ihren Aufenthalt und ihre Feten ausgewählt.

Senecas stoische Gesinnung aber lässt nicht zu, an einem Ort Urlaub zu machen, an dem sich zwar der Körper erholen kann, der aber für die Moral nicht heilsam ist. Das drückt er zu Beginn des zweiten Abschnitts sehr deutlich aus:

Id agere debemus,
ut irritamenta vitiorum quam longissime profugiamus.
Indurandus est animus
et a blandimentis voluptatum procul abstrahendus.

Dann kommt das bei Seneca fast nie fehlende demonstrierende Beispiel für seine Aussage: wie immer aus dem realen, praktischen Leben gegriffen, hier aus der Geschichte Roms mit dessen großen Gegner Hannibal:

Indomitum... virum enervaverunt fomenta Campaniae
armis vicit, vitiis victus et.

Schließlich bricht es dann im vierten Abschnitt aus dem Stoiker heraus:

nobis quoque militandum est...
numquam quies, numquam otium datur:
debellandae sunt inprimis voluptates.
...nihil delicate nihil molliter esse faciendum.

Im letzten Abschnitt lässt sich Seneca sehr heftig und für uns schon ein wenig altväterlich anmutend über die Schwitzbäder aus und kommt schließlich zu einem klaren Ergebnis: Jeder Römer würde das träge, für die Moral gefährliche Herumsitzen zur Unzeit tadeln, wenn man so handeln wollte wie Hannibal und sich, bei Unterbrechung der gestellten Aufgaben, der Pflege des Leibes hingeben würde.

T6.2 Frei werden von den äußeren Zwängen!

c) Textaufbau und Interpretationslinien:

Im zweiten Teil des Texts 6 wird Seneca theoretischer und stellt den Widerstreit im Innern des Menschen dar. Bei Fortuna geht es weniger um das Schicksal, das Geschick, das einem beschieden ist, als vielmehr um das, was das Füllhorn der Glücksgöttin über die Menschen ausschüttet.

So spricht Seneca von einem Joch, das er nicht hinnehmen, sondern abschütteln will und damit kommen wir mitten in die Lehre der Stoa:

Das Joch ist in diesem Falle die *voluptas,* die das Denken der Menschen 'verweichlicht', also ein Affekt, dem man nicht nachgeben darf, wenn man sich nicht generell in die Herrschaft der Affekte, der *voluptates,* begeben will. Damit wäre man dann anfällig für *dolor, labor, paupertas, ambitio, ira* etc., alles Affekte, von denen man aufgerieben wird. Die Lehre der Stoa aber fordert, dass man sich von solchen Affekten befreit, und damit ist das nächste Stichwort gegeben: *libertas.*

Freiheit muss man sich nach der stoischen Lehre zum Ziel setzen und das bedeutet:

nulli rei servire
nulli necessitati
nullis casibus.

Man muss sich mit seinem Schicksal abfinden: Der Mensch darf nicht zum Sklaven der Affekte werden.

Bei der weitere Gedankenentwicklung geht Seneca sogar so weit, dass er (in einem stoischen *'paradoxon'*) dem Schicksal seine höhere Macht *(illam... plus posse)* dadurch entzieht, dass er die Möglichkeit des Freitods *(in manu mors sit)* ins Spiel bringt.
Am Ende schließlich noch einmal die Quintessenz für ihn selbst, die zum Ausgangspunkt zurückführt: Wer dies so erkannt hat, wer also weiß, welche Fesseln die *voluptas* dem Menschen anlegen kann, der darf sich nicht durch den Besuch solcher Orte wie Baiae in Gefahr bringen.

d) zur sprachlichen Arbeit:
Der Gehalt des Textes wird auch mit sprachlichen Mitteln unterstrichen; die Wortstellung und eine Fülle von Redefiguren unterstreichen die Aussagen, z.B.:

si voluptati cessero

cedendum est dolori,
cedendum est labori,
cedendum est paupertati;

idem sibi in me iuris esse volet et ambitio
et ira

Libertas proposita est; ad hoc praemium laboratur

vgl. auch oben *nulli rei servire, nulli necessitati, nullis casibus*

All diese Redefiguren sollte der Schüler allmählich benennen und ihre Wirkungsabsicht feststellen können.

f) Zusammenfassung der Gedanken aus T6.2:
für ein Tafelbild oder ein ins Heft einzulegendes Ergebnisblatt könnte man sich folgende Anordnung vorstellen:

FORTUNA:		*ANIMUS:*
ködert, macht unsicher durch: *affectus:* *voluptas* *dolor* *ambitio* *ira*		*virtus* befähigt zu/verleiht: *libertas:* *nulli rei servire* *nulli necessitati* *nullis casibus*
'Paradoxes' Ergebnis: *Plus potest Fortuna*	***sed*** →	*nihil poterit:* *in manu* ***mors*** *est!* *Libertas animi et virtutis*

Hierher gehört auch die Abbildung 'Der sterbende Seneca' auf S. 86 als praktische Bestätigung der Aussagen durch den Stoiker Seneca.

T7 Glück gibt es nur zusammen mit dem Bemühen um Weisheit

Spezielle Literatur:

O. Schönberger: L.A. Seneca, in: 'Von Nepos bis zum Neuen Testament' (Auxilia 14), Bamberg 1986, 65–79

G. Reinhart/E. Schirock: Senecas Epistulae morales (Auxilia 19), Bamberg 1988

a) Didaktische Begründung:

Mit diesem Text steigt der Schüler sozusagen über die popularphilosophische Behandlung eines Themas hinaus in die eigentliche Philosophie der Stoa und in die Beschäftigung mit derselben ein (wenn Seneca auch bei solchen Texten immer wieder Beispiele aus dem Leben einstreut): *sapientiae studium* ist ja nichts anderes als die Philosophie.

Man könnte die beiden Abschnitte von T7.1 auch ohne Bedenken für die Schüler als Einführung in Arbeitsweisen, Ziele und Aufgaben der (stoischen) Philosophie bezeichnen und verwenden.

b) Einstieg:

Wenn man sich in den vorangegangenen Texten schon mit philosophischen Gedanken und Verhaltensweisen befasst hat, kann man sicher von daher die Schüler für die in T7 enthaltenen Grundgedanken zur Philosophie motivieren.

c) Textaufbau und Interpretationslinien:

Während in T6.2 die *libertas* als ein *propositum* angesprochen war, geht es hier um das überhaupt im Mittelpunkt der praktischen Philosophie stehende Ziel, nämlich um die *vita beata* bzw. das *beate vivere.*

Im ersten Abschnitt stellt Seneca dazu Folgendes dar:

- Ohne sich mit Philosophie zu befassen, kann man nicht einmal erträglich leben;
- wenn man sich als Schüler um die Philosophie bemüht, wird das Leben erträglich, wobei es aber ganz wichtig ist, die *proposita,* also das, was man sich für sein Studium vorgenommen hat, immer vor Augen zu behalten.
- Aber erst der wahrhaftige Philosoph, d.h. der, der es in der Philosophie zur Vollendung bringt, ist fähig, ein wirklich glückliches Leben zu führen.

Natürlich kommt dabei auch das stoische *honestum* ins Spiel und wieder die *bona mens,* die aus der *bona voluntas* durch *cottidiana meditatione, assiduo studio* und *robore* gefestigt hervorgeht. Das könnte man etwa so darstellen:

bona voluntas* >> *meditatione/studio/robore* >> *bona mens

Im zweiten Abschnitt betont Seneca zunächst einmal, dass Philosophie gar nichts mit einer volkstümlichen Kunst, mit Vergnügen, mit einem Mittel gegen Langeweile, oder gar mit einem Zur-Schau-Stellen zu tun hat.

Die Ziele der Philosophie sind ganz andere:

animum format et fabricat,
vitam disponit,
actiones regit,
agenda et omittenda demonstrat,
per anicpitia fluctuantium dirigit cursum.

Und wie sieht es ohne die Philosophie aus?

Sine hac nemo potest intrepide vivere,
nemo secure;
innumerabilia accidunt singulis horis,
quae consilium exigant,
quod ab hac petendum est.

Das ist durchaus auch für Schüler plausibel zu machen; dafür müssten sie motiviert werden können, auch wenn man ihnen immer zugestehen muss, dass sie diese radikal-strenge Lehre nicht für sich anwenden wollen.

f) Zusammenfassende Übersicht:
Diese könnte folgendermaßen aussehen:

- Zur ***vita beata:***

beata vita	←	*perfecta sapientia*
beate vivere	←	*sapientiae/philosophiae studio*
tolerabilis vita	←	*inchohata sapientia*

- Zu den **Aufgaben der Philosophie:**

non est *philosophia*		***est***
populare artificium	*sed:*	*actiones regit*
ostentationi paratum		*format animum*
in verbis		*est in rebus*
oblectatio		*vitam disponit*
		agenda et omittenda demonstrat
		per ancipita fluctuantium dirigit cursum.

T8 Das honestum der Stoa

Spezielle Literatur: s. Ergänzendes Literaturverzeichnis, S. 106–107, 4.10 und 4.11

Vorbemerkung:
Auf die Übersicht zur stoischen Philosophie (S. 88 – 89 in diesem Heft), insbesondere auf die Ethik sei noch einmal hingewiesen. Nur anhand eines festen Wissens-Grundbestands bei den Schülern lassen sich die folgenden Gedanken entwickeln.

a) Didaktische Begründung:
Dieser Brief führt den Schüler zur Begegnung mit der entscheidenen These der stoischen Ethik:

unum bonum esse, quod honestum est.

Zwar kann es an dieser Stelle, also bei der Brief-Lektüre sicher noch nicht Ziel des Unterrichts sein, die Ethik der Stoa philosophisch genau abzuklären.
Aber die Schüler können den Gehalt dieser These, so wie er im Brief dargestellt ist, durchaus erfassen und sich erstmals solchen Gedanken annähern.
Ciceros kritische Betrachtung in *De finibus* 75–79 könnte in die Diskussion mit einbezogen werden:

Illud mihi nimium festinanter a te dictum videtur sapientes omnes semper esse beatos. Utrum igitur tibi non placet virtutisne tantam esse vim, ut ad beate vivendum se ipsa contenta sit, an – si id probas – fieri ita posse negas, ut ii, qui virtutis compotes sint, etiam malis quibusdam affecti beati sint?

T8.1 *...unum bonum esse, quod honestum est*

b) Einstieg:
Man kann verschiedene Möglichkeiten der Einstimmung wählen:

Da wären einmal die Abbildungen auf S. 87/88, falls man sie nicht schon bei der vorangegangenen Lektüre einbezogen hat, als Ausgangspunkt zum Stichwort Stoa;
dann könnte aber auch das Arbeitsblatt zur Stoa (↗S. 88 – 89 im Lehrerheft) Ausgangspunkt einer kurzen Erörterung sein, von der aus man in den Text einsteigen kann;
schließlich gäbe auch eine Übersetzung der Überschrift mit Abklärung des Begriffs *honestum* einen schönen Ausgangspunkt für die Lektüre des Texts.

c) Textaufbau und Interpretationslinien:
Seneca stellt zu Beginn des ersten Abschnitts zunächst die stoische These in den Raum *...unum bonum esse, quod honestum est.*
Beim Begriff *honestum,* hier in der Grundbedeutung „ehrenhaft", abgeleitet von *honos,* darf man natürlich nicht nur an das äußere Ansehen (also z.B. 'in Ehren stehen') denken, sondern es geht um das absolut Ehrenhafte, das Integre, das auch vor sich selbst bestehen kann.
Diesem stellt Seneca die *potestas Fortunae* gegenüber und macht an dem Gegensatz deutlich, dass man nur glücklich sein kann, wenn man alles Gute unter dem Begriff dieses *honestum* zusammenfasst. Wer das nicht tut, wer auch andere Dinge als Güter akzeptiert, liefert sich der Willkür des Schicksals aus.
Im zweiten Abschnitt wird das durch Beispiele aus dem Leben verdeutlicht.

liberi:	*amissis liberis*	*maestus*
liberi, uxor:	*aegris („)*	*sollicitus*
liberi:	*sparsis („) infamiā*	*tristis*
aliena uxor:	*amore alienae uxoris*	*cruciatus*
ipse:	*repulsa*	*distortus*

Im dritten Abschnitt stellt er schließlich als schlimmsten Affekt die Todesfurcht heraus, welche die meisten Menschen umtreibt und der die meisten Menschen total ausgeliefert sind:

undique impendens
nihil est, unde non subeat.

Mit einem sehr schönen Beispiel, dem Vergleich mit dem Verhalten bei der Bedrohung in Feindesland, macht Seneca deutlich, wie dieser Affekt das ganze Leben beeinträchtigt und zerstört:

palpitantibus praecordiis vivitur.

T8.2 Unsere Kritik am Göttlichen ist nur Unverstand

b) Einstieg:

Der Einstieg ist eigentlich von T8.1 her schon gegeben; man braucht nur von der *potestas Fortunae* zu den *fortuita* (T8.2, Z.1) überzuleiten. Aber auch von der Abbildung S. 87 her ist die Anbindung an T8.1 und die Überleitung leicht möglich.

c) Textaufbau und Interpretationslinien:

Im ersten Abschnitt werden die stoischen Gedanken zum Gegensatz von *honestum* und *potestas Fortunae* konsequent weitergeführt. Seneca nimmt die Folgen dieser *potestas* mit *fortuita* wieder auf und schließlich mit *haec, quae a Fortuna sparguntur.* Auch das Bild vom Leben in Feindesland wird fortgeführt, nämlich mit dem Wort aus der Soldatensprache *missilia.*

Mit diesem Wort bezeichnet er die Schicksalsschläge, welche die Menschen erwarten müssen, die sich dem Schicksal ausliefern: das Schicksal spielt nur mit ihnen. Dazu gehören nach streng stoischer Auffassung auch äußere Ehren, Reichtum und Gunst *(honores, divitiae, gratia),* also Lebensformen, die für den normalen Menschen durchaus positiv zu betrachten sind. All das kann kein wirkliches Glück bringen.

So wird im zweiten Abschnitt wieder die einzig richtige Verhaltensweise dargestellt:

Quicumque beatum esse constituet,
unum esse bonum putet!

Dann wird der Gedankengang wieder mit einer Art stoischem *paradoxon* weitergeführt: Wer das nicht erkennt und akzeptiert, denkt schlecht über die Vorsehung, weil ja auch gerechten Menschen Unangenehmes widerfährt. D. h. natürlich, dass alle Affekte, die negativen wie die positiven, eben nur *fortuita* sind, aber nicht das eine einzige und wahre Gut.

So dürfen wir uns nach den Aussagen des dritten Abschnitts nicht beklagen, dass uns nicht immer Angenehmes widerfährt, sondern auch Unsicherheit und Vergängliches. Das führt uns sonst nur in einen schlimmen Zustand des Lebensüberdrusses und der Todesfurcht, in dem wir das Walten Gottes undankbar betrachten.

T9 Der richtige Geist

Spezielle Literatur: s. Ergänzendes Literaturverzeichnis, S. 106 – 107, 4.7

a) Didaktische Begründung:

Es gehört zum Kern der stoischen Lehre (↗Merk- und Arbeitsblatt Stoa S. 88 – 89 im Lehrerheft), dass der Einzelmensch und mit ihm seine Einzelseele Abbild der 'All-Seele' sind. Da aber nach der Naturlehre der Stoa Stoff und Form, Körper und Geist eins sind und als 'stoffliches Feuer' gedacht werden, hat der Einzelmensch Anteil an dieser Weltseele und damit an der *'bona mens'*. Sie, der *animus excellens,* ist Auswirkung der himmlischen Macht *(caelestis potentia).* Sie wohnt in uns als das Göttliche, und Seneca betont, dass es dazu keines Götzendienstes (wie z.B. des Anflehens der Götterstatuen) bedarf.

Damit ist für Seneca die Verbindung zwischen der All-Seele/Weltvernunft und dem richtigen Verhalten der Menschen, dem *honestum* oder der *virtus* hergestellt: Das Jenseitig-Metaphysische ist in uns als die *bona mens* vertreten, welche unser Handeln steuert. Wenn sie sich durchsetzt, handeln wir ethisch gut entsprechend dem *honestum.*

Diese Verbindung von Ethik und Metaphysik darf als wesentlicher Teil von Senecas Denken in einer Auswahl seiner Briefe nicht fehlen.

T9.1 *Animum excellentem caeli potentia agitat!*

b) Einstieg:

Für den Einstieg lässt sich die Abbildung auf S. 89 verwenden: Sie zeigt die naive Verehrung von Göttern mit Opferungen etc. Von da her kann man zum ersten Abschnitt des Texts hinführen *(non sunt ad caelum elevandae manus nec exorandus aedituus, ut nos ad aurem simulacri... admittat).*

Man kann aber auch von der Natur- und Ethik-Lehre der Stoa (↗Übersicht/ Arbeitsblatt auf S. 88 – 89) ausgehen (s.o. unter a) und von dieser Naturlehre her zur Erklärung des Begriffs *bona mens* kommen. Letzterer Weg ist vielleicht der tiefgründigere.

c) Textaufbau und Interpretationslinien:

Dazu sind wesentliche Gedanken schon bei der didaktischen Begründung aufgeführt. Seneca geht im ersten Abschnitt offensichtlich von den religiösen Gebräuchen in Rom aus, die für ihn als Stoiker nicht leicht nachvollziehbar sind (man denke nur an die Darstellung des Plinius in seinen Christenbriefen).

Die stoische Lehre sagt ihm, dass die *bona mens* als Teil der All-Seele oder Weltvernunft in jedem Menschen wohnt und nicht über Götzendienst oder ähnliche religiöse Übungen gewünscht und erlangt werden kann. Sie ist in uns und mit ihr Gott. Diese *bona mens* oder der *sacer spiritus,* der in uns wohnt, prüft als Beobachter und Wächter unser Verhalten und unsere Gesittung auf Qualität, damit auch auf das *honestum* oder die *virtus* (zweiter Abschnitt). Damit vertritt sie/er sozusagen Gott

oder ist als unser göttlicher Bestandteil in uns, der uns unserem Verhalten entsprechend behandelt.
Seneca erinnert dann daran, dass wir uns nur mit Hilfe dieser göttlichen Stimme in uns gegen die Macht des Schicksals (T8) wehren können. Ohne Gottes Hilfe und Ratschlag können wir nichts erreichen.
Im dritten Abschnitt wird dann der *sacer spiritus* oder *animus excellens* näher beschrieben:

excellentem
moderatum,
omnia tamquam minora transeuntem,
quidquid timemus aptamusque
ridentem.

Dahinter muss nach der Überzeugung Senecas eine *caelestis potentia* handeln, ein *adminiculum numinis.*
Und dann wird noch einmal klar die Verbindung zwischen Allseele/Weltseele und Einzelseele/Einzelvernunft hergestellt:

Maiore sui parte illic est, unde descendit.

T9.2 *Rationale enim animal est homo*

b) Einstieg:
Man kann hier, ausgehend von der Abbildung S. 90, in einem kurzen Überblick die wichtigsten Personen und Daten zur griechischen Philosophie in einem Unterrichtsgespräch wiederholen und zusammenfassen.
Da die Sentenz der Überschrift den Schülern aber auch schon wiederholt im Unterricht begegnet sein sollte, kann man auch auf diese früheren Begegnungen zurückgreifen und von da her in den Text einführen.

c) Textaufbau und Interpretationslinien:
Von der Aussage der Überschrift ausgehend stellt sich leicht der Bezug zu den Textaussagen her: Die *ratio* bildet die entscheidende Substanz des Menschen, die ihn vor anderen Lebewesen auszeichnet. Seneca macht klar, dass der Mensch deshalb alles, sein Denken und Handeln, darauf beziehen muss.
Im zweiten Abschnitt verdeutlicht er, dass auch Familie und Besitz nur um den Menschen herum sind, aber nicht sein Wesen ausmachen. Deshalb muss man das am Menschen hervorheben, was sein ureigenstes Wesen ist und ihm weder entrissen noch gegeben werden kann:

Animus et ratio in animo perfecta.

Diese *ratio perfecta* entspricht der *bona mens,* von der am Anfang des Texts die Rede war.
Im letzten Abschnitt macht Seneca klar, dass es Aufgabe des Menschen ist, diese besondere Veranlagung als *animal rationale* zu vollenden. Dazu muss er – und damit sind wir wieder bei der stoischen Lehre – ein Leben führen, das seinem Wesen und seiner Veranlagung entspricht. Hochmodern ausgedrückt lautet die Anweisung:

secundum naturam suam vivere.

Dem steht die allgemeine Unvernunft entgegen: die große Masse hält den Einzelmenschen ja nicht von falschem Verhalten ab, sondern treibt ihn noch dazu an. Gerade in unserer Zeit, die völlig von den Medien und vor allem von unsinniger Werbung beherrscht wird, eine sehr wichtige, ja entscheidende Erkenntnis.

e) Begleittext:
Hier könnte man zur Verdeutlichung der stoischen Lehre noch den aus Raumgründen weggelassenen Abschnitt dieses Briefes (41, 4–5) einbringen, in dem Seneca noch einmal den Idealmenschen der Stoa beschreibt:

Si hominem videris
interritum periculis,
intactum cupiditatibus,
inter adversa felicem,
in mediis tempestatibus placidum,
ex superiore loco homines videntem,
ex aequo deos
non subibit te veneratio eius?
Non dices
„Ista res maior est altiorque,
quam ut credi similis huic, in quo est, corpusculo possit...“?
Vis isto divina descendit.

4. Text-Zusatzangebot

Auf den folgenden Seiten findet sich ein Zusatzangebot von Texten aus dem Plinius-Brief VI 20 mit dem Bericht über den Vesuv-Ausbruch aus der Sicht des jüngeren Plinius. Darauf wurde bei der Einheit VI schon hingewiesen. Wenn es das Interesse und die Leistungsfähigkeit einer Klasse zulässt, ist damit die Möglichkeit zur Lektüre auch dieses Briefes gegeben. Andernfalls kann man diese Texte vielleicht als Schulaufgabe/Probe einsetzen.

Eines der berühmtesten Fresken aus Pompeij zeigt ein frisch vermähltes Ehepaar. Wahrscheinlich handelt es sich um ein Porträt des Bäckers Pacuius Proculus und seiner Frau. Die Frau hält ein Wachs-Triptychon und einen Schreibgriffel; der Mann eine Pergamentrolle. Archäologisches Nationalmuseum, Neapel.

T2 Der Vesuv-Ausbruch aus der Sicht des jüngeren Plinius

Plinius, Epistulae VI 20

2.1 Tacitus fordert weitere Berichte an

C. Plinius Tacito suo s.

Ais te adductum litteris, quas exigenti tibi de morte avunculi mei scripsi, cupere cognoscere, quos ego Miseni relictus – id enim ingressus abruperam – non solum metus, verum etiam casus pertulerim.

„Quamquam animus meminisse horret, ... incipiam"

Profecto avunculo ipse reliquum tempus studiis – ideo enim re-manseram – impendi; mox balineum, cena, somnus inquietus et brevis. Prae-cesserat per multos dies tremor terrae minus formidolosus quia Campaniae solitus; illa vero nocte ita invaluit, ut non moveri omnia, sed verti crederentur.

Irrupit cubiculum meum mater; surgebam invicem, si quiesceret, excitaturus. Resedimus in area domus, quae mare a tectis modico spatio dividebat. Dubito, constantiam vocare an imprudentiam debeam (agebam enim duodeviscesimum annum): posco librum Titi Livi et quasi per otium lego atque etiam, ut coeperam, excerpo.

2.1 **1 exigere:** (an-)fordern – **3 abrumpere:** abbrechen (s. T1.4) – **4 „Quamquam animus...":** Zitat aus Vergils Aeneis (II 12) – **6 (tempus) impendere** (mit Dat.): (Zeit) verwenden (auf) – **balineum:** Bad *(balineum, cena, somnus:* am besten verbal übersetzen) – **7 tremor** < *tremere* – **formidolosus:** Furcht erregend – **8 Campania:** Landschaft um den Golf von Neapel (↗ s. Karte S. 104 im Textband) – **invalescere:** zunehmen – **10 irrumpere cubiculum** = *in cubiculum rumpere* – **invicem** (hier): meinerseits – **quiescere** = *dormire* – **11 excitare:** wecken – **area:** Hof – **tecta:** Pars pro toto! – **modico spatio:** durch einen kleinen Abstand – **13 duodevicesimus annus:** das 18. (Lebens-) Jahr – **14 excerpere:** Auszüge machen, exzerpieren

Venus auf der Muschel, Wandmalerei aus Pompeji, Casa della Venere in Conchiglia

2.2 Es wird ernst

Ecce amicus avunculi, qui nuper ad eum ex Hispania venerat, ut me et matrem sedentes, me vero etiam legentem videt, illius patientiam, securitatem meam corripit. Nihilo segnius ego intentus in librum.
Iam hora diei prima, et adhuc dubius et quasi languidus dies. Iam quassatis circum-iacentibus tectis, quamquam in aperto loco, angusto tamen, magnus et certus ruinae metus. Tum demum ex-cedere oppido visum; sequitur vulgus attonitum, quodque in pavore simile prudentiae, alienum consilium suo praefert, ingentique agmine abeuntes premit et impellit. E-gressi tecta consistimus.
Multa ibi (ad-)miranda, multas formidines patimur. Nam vehicula, quae produci iusseramus, quamquam in planissimo campo, in contrarias partes agebantur, ac ne lapidibus quidem fulta in eodem vestigio quiescebant.
Praeterea mare in se resorberi et tremore terrae quasi repelli videbamus. Certe processerat litus multaque animalia maris siccis harenis detinebat.
Ab altero latere nubes atra et horrenda, ignei spiritus tortis vibratisque discursibus rupta, in longas flammarum figuras dehiscebat; fulguribus illae et similes et maiores erant.

2.2 **2 patientia:** Geduld – **3 securitas** < *securus* – **corripere:** tadeln – **nihilo segnius:** genauso lässig – *(in alqd)* **intentus:** mit etwas beschäftigt – **4 hora prima:** ca. 6.00 Uhr – **dubius dies:** (dicht.) Dämmerung – **lanquidus** (hier): trübes (Licht) – **5 quassare:** heftig erschüttern, zerbrechen – Ⓚ Ordnen Sie: *quassatis tectis certus ruinae metus (erat), quamquam (eramus)* – **6 ruina:** Einsturz – **7 attonitus:** bestürzt – **pavor:** Angst – **10 formido:** Angst, Furcht – **10 pati** (hier): erdulden, hinnehmen – **vehiculum:** Fahrzeug, Wagen – **11 quamquam:** erg. *erant* – **in contrarias partes agi:** hin und her geschleudert werden – **12 fulcire** *(-cio, -si, -tum)*: stützen, festhalten – **vestigium:** Spur, (hier) Stelle – **14 mare in se resorbetur:** das Meer flutet zurück (wörtl.: wird eingeschlürft) – **15 procedere** (hier): sich (gegenüber dem Meer) erweitern – **siccus:** trocken – **16 detinere:** festhalten – **17 spiritus igneus:** Feuerschein – **torti vibratique discursus:** Bogen und Zickzacklinien – **18 deshiscere in flammarum figuras:** sich aufspalten in Flammenbilder – **fulgur:** Blitz

Das 'Herz' eines pompejanischen Hauses: Peristyl und Garten in der Casa degli Amorini dorati.

2.3 Überall Spuren der Zerstörung

Tum vero idem ille ex Hispania amicus acrius et instantius "Si frater", inquit, "tuus, tuus avunculus vivit, vult esse vos salvos; si periit, superstites voluit. Proinde, quid cessatis evadere?" Respondimus non commissuros nos, ut de salute illius incerti nostrae consuleremus. Non moratus ultra proripit se effusoque cursu periculo aufertur. Nec multo post illa nubes descendere in terras, operire maria; cinxerat Capreas et abs-conderat, Miseni, quod procurrit, abstulerat. Tum mater orare, hortari, iubere, quoquo modo fugerem; posse enim iuvenem; se et annis et corpore gravem bene morituram, si mihi causa mortis non fuisset. Ego contra salvum me nisi una non futurum; dein manum eius amplexus addere gradum cogo. Paret aegre incusatque se, quod me moretur.

2.3 **1 instantius** < *instare* – **2 superstes:** am Leben, überlebend – **3 committere** (hier): (es nicht) fertigbringen – **5 ultra:** darüber hinaus, länger – **se proripere:** sich losreißen – **effuso cursu:** in wildem Lauf – 7 **Capreae, -arum:** die Insel Capri (s. Karte S. 108 im Lehrerheft) – **abscondere:** verbergen – **Miseni, quod procurrit** = *promunturium Miseni* (s. Karte S. 70 im Textband) – **10 una:** erg. *cum ea* – **11 addere gradum:** schneller gehen

Ein Opfer des Vesuvsausbruchs hält die Hände vor das Gesicht, um sich vor dem glühenden Aschenregen zu schützen. – Nach dem Vulkanausbruch verfestigte sich die vulkanische Asche rings um die menschlichen und tierischen Körper und nahm deren Form so genau an, dass sich sogar die kleinste Falte der Gewänder und die feinsten Muskelkontraktionen abzeichneten. Die Körper selbst zerfielen. Giuseppe Fiorelli, der 1860 zum Grabungsleiter ernannt wurde und als Begründer der wissenschaftlichen Archäologie in Pompeji gilt, ließ die Hohlräume, die man anhand von Knochenresten lokalisieren konnte, mit Gips ausgießen.

2.4 Chaos und Flucht

Iam cinis, adhuc tamen rarus. Respicio: densa caligo tergis imminebat, quae nos torrentis modo infusa terrae sequebatur. "Deflectamus", inquam, "dum videmus, ne in via strati comitantium turba in tenebris obteramur." Vix consideramus, et nox, non qualis in-lunis aut nubila, sed qualis in locis clausis lumine exstincto. Audires ululatus feminarum, infantum quiritatus, clamores virorum; alii parentes, alii liberos, alii coniuges vocibus requirebant, vocibus noscitabant; hi suum casum, illi suorum miserabantur; erant, qui metu mortis mortem precarentur; multi ad deos manus tollere, plures nusquam iam deos ullos aeternamque illam et novissimam noctem mundo interpretabantur. Non defuerunt, qui fictis mentitisque terroribus vera pericula augerent. Aderant, qui Miseni illud ruisse, illud ardere falso sed credentibus nuntiabant.

Paulum reluxit, quod non dies nobis, sed adventantis ignis indicium videbatur. Et ignis quidem longius substitit; tenebrae rursus, cinis rursus, multus et gravis. Hunc identidem assurgentes excutiebamus; operti alioqui atque etiam oblisi pondere essemus.

Possem gloriari non gemitum mihi, non vocem parum fortem in tantis periculis excidisse, nisi me cum omnibus, omnia mecum perire, misero, magno tamen mortalitatis solacio, credidissem.

2.4 **1 densa caligo:** dichter Nebel/Qualm – **2 torrens:** Sturzbach – **viam deflectere:** eine andere Wegrichtung einschlagen – **3 sternere** *(stravi, stratum)* (hier): niederstoßen – **tenebrae:** Finsternis - **4 obterere:** zermalmen, zerstampfen – **in-lunis** < *luna* – **nubilus** < *nubes* – **5 ululatus:** Geheul, Wehklagen – **6 infans:** Kind – **quiritatus:** Such-, Hilferufe – **7 noscitare:** erkennen – **8 mortem precari:** den Tod herbeiwünschen – **10 aeterna et novissima nox:** sozusagen die Nacht des Weltuntergangs – **interpretari:** auslegen, deuten – **12 falso**: Adverb – **14 relucescere (reluxi):** (wieder) hell werden – **adventare:** Verbum intensivum zu *advenire* – **indicium:** Anzeichen, Ankündigung – **16 identidem:** immer wieder – **ex-cutere:** abschütteln – **17 alioqui:** andernfalls – **oblidere** *(oblisi,-isum)*: erdrücken – **pondus:** Gewicht – **18 gemitus < gemere** – **19 ex-cidere** (hier): entschlüpfen – **20 mortalitatis solacium:** ein Trost für Menschen in Todesnot

Sonnenaufgang am Vesuv von Neapel aus gesehen

2.5 Über Zerstörung und Tod ein neuer Tag

Tandem illa caligo tenuata quasi in fumum nebulamve discessit; mox dies verus; sol etiam effulsit, luridus tamen, qualis esse, cum deficit, solet. Occursabant trepidantibus adhuc oculis mutata omnia altoque cinere tamquam nive obducta.

Regressi Misenum curatis utcumque corporibus suspensam dubiamque noctem spe ac metu exegimus. Metus prae-valebat; nam et tremor terrae perseverabat, et plerique lymphati terrificis vaticinationibus et sua et aliena mala ludificabantur. Nobis tamen ne tunc quidem, quamquam et expertis periculum et exspectantibus, abeundi consilium, donec de avunculo nuntius.

Haec nequamquam historia digna non scripturus leges et tibi, – scilicet qui requisisti, – imputabis, si digna ne epistula quidem videbuntur. Vale.

2.5 **1 tenuare:** verdünnen, abschwächen – **fumus:** Rauch – **discedere:** sich auflösen – **2 effulgere:** hervorleuchten – **luridus:** fahl – **3 occursare:** Intensivum zu *occurrere* – **4 obducere:** überziehen, bedecken – **5 suspensam noctem exigere:** eine Nacht in Spannung verbringen – **6 tremor** < *tremere* – **7 lymphatus:** begeistert, außer sich – **vaticinationes terrificae:** Schrecken erregende Prophezeiungen – **8 ludificari alqd:** etwas verspotten – **9 abeundi consilium** *(non erat)*: wir konnten uns nicht zum Weggehen entschließen – **11 scilicet qui requisisti:** da du ja danach gefragt hast – **12 tibi imputabis:** du musst das dir zuschreiben

Aufgaben zur Interpretation

2.1 a) Welche Wirkungsabsicht verfolgt Plinius mit dem Vergil-Zitat?

b) Begründen Sie die Zweifel des Plinius, ob er sein Verhalten in dieser ernsten Situation mit *constantia* oder mit *imprudentia* bezeichnen soll? Welche innere Haltung könnte ihn veranlassen, *constantia* vorzuziehen, welche objektiven Gründe sprechen für *imprudentia*?

c) Klären Sie in einer Real-Enzyklopädie folgende Fragen ab:

- Wann ist dieser Brief wohl entstanden?
- In welchem Alter hat Plinius die Katastrophe erlebt?

2.2 Schreiben Sie aus dem Kapitel alle Substantive, Adjektive und Verben heraus, mit denen Verhalten und Stimmung der Masse *(vulgus)* beschrieben werden, und stellen sie das Verhalten des Plinius und seiner Mutter dem gegenüber!

2.3 Bewerten Sie kritisch das Verhalten des Freundes aus Spanien! Gibt es Argumente, die es rechtfertigen? Inwieweit hängt dieses Verhalten von Veranlagung/Charakter, inwieweit also von persönlichen Bindungen ab?

2.4 Bestimmen und begründen Sie die folgenden Redefiguren:

ululatus feminarum.

Infantium quiritatus,

clamores virorum

alii parentes, alii liberos, alii coniuges vocibus requirebant
vocibus noscitabant,...
erant, qui metu mortis mortem precarentur

2.5 a) Inwieweit erkennen Sie aus den Texten 2.1 bis 2.5 ein Bemühen des Plinius um Selbstdarstellung? Nennen Sie die einschlägigen Stellen!

b) Vergleichen Sie folgende Stellen aus der Aeneis des Vergil (II 638–40 und 657–658) mit dem Verhalten des Plinius, seiner Mutter und des Freundes aus Spanien:
638 ff.: Anchises: ... *Vos o, quibus integer aevi sanguis, ait, solidaeque suo stant robore vires, vos agitate fugam!*
657 f.: Aeneas: ...*Mene efferre pedem, genitor, te posse relicto sperasti tantumque nefas patrio excidit ore?*

5 Ergänzendes Literaturverzeichnis für den Lehrer

Ergänzend zum Literaturverzeichnis im Textband ist hier weitere, speziell für die Lehrervorbereitung gedachte Literatur zu den einzelnen Briefen zusammengestellt.

1 Allgemein zur Briefliteratur

1.1 Epistularum genera multa, Cicero – Plinius. Authentische Briefliteratur am Ende der römischen Republik und in der frühen Kaiserzeit, bearbeitet von U. PRUTSCHER und W. VOGT, Frankfurt/M. 1991 | H. WÖLKE in: LGB 35, 1991, 56f.

1.2 U. PRUTSCHER, Zur Briefliteratur im Lateinunterricht, in: MDAV/Hs 36.2, 1983, 1–3

1.3 M. LAUSBERG, Cicero – Seneca – Plinius, Zur Geschichte des römischen Prosabriefes, in: Anregung 37, 1991, 82–100

2 Cicero

2.1 ***Epist. ad Quint. fr. 1,1:***
Cicero, Ausgewählte Briefe II, bearbeitet von W. VOIGT, Münster 1985 | A. KOHL, in: Anregung 32, 1986, 119 ff.

2.2 ***Epist. ad Att. 1,18:***
U. PRUTSCHER, Der Brief als Medium der persönlichen Mitteilung, in: AU 19.2, 1976, 5–9

2.3 ***Epist. ad fam. XIV 4:***
U. PRUTSCHER, Der Brief als Medium der persönlichen Mitteilung, in: AU 19.2, 1976, 5–9

3 Plinius

3.1 ***Epist. II 7:***
A. FRITSCH/M. SPERLICH, Die Villen des Plinius und die preußische Schlossarchitektur, in: LGB 29, 1985, 89–91

3.2 E. LEFÈVRE, Plinius-Studien I: Römische Baugesinnung und Landschaftsauffassung in den Villenbriefen, in: Gymnasium 84, 1977, 519–541

3.3 E. LEFÈVRE, Plinius-Studien III: Die Villa als geistiger Lebensraum, in: Gymnasium 94, 1987, 247–367

3.4 ***Epist. VI 4 und IV 12:***
U. PRUTSCHER, Der Brief als Medium der persönlichen Mitteilung, in: AU 19.2, 1976, 5–9

3.5 ***Epist. VI 16:***
O. SCHÖNBERGER, Die Vesuv-Briefe des jüngeren Plinius, in: DASIU 26.1, 1979, 6–28

3.6 R. SAUER, Der Ausbruch des Vesuvs, Zur Lektüre und Interpretation von Plinius ep. VI 16, in: Anregung 29, 1983, 167–170

3.7 ***Epist. VIII 16:***
H. Offermann, Bemerkungen zu den Sklavenbriefen des Plinius, in: DASIU 27.1, 1980, 37–44

3.8 ***Epist. X 96 und 97:***
J. Gruber, Die Christenbriefe des Plinius, in: Europäische Literatur in lateinischer Sprache (Auxilia 16), Bamberg 1987, 43f.

3.9 R. Muth, Plinius d.J. und Kaiser Trajan über die Christen, in: Handreichungen für den Lateinunterricht, Jgst. 8–11, 1, 1984

4 Seneca

4.1 G. Reinhart, Unterrichtseinheiten für Klasse 11/13, Autorenlektüre: Homo animal rationale. Grundsätze stoischer Lebensführung und ihre künstlerische Darstellung in Senecas 1. Epistelbuch, in: LEU/L 5,1977

4.2 H.-P. Bütler, Die Epistulae morales im Unterricht, in: Seneca im Unterricht, Heidelberg 1974, 5–73

4.3 G. Maurach, Seneca der Philosoph, Wege der Forschung 414, Darmstadt 1987

4.4 G. Reinhart/E. Schirok, Seneca, Epistulae morales, Zwei Wege ihrer Vermittlung (Auxilia 19), Bamberg 1988 | A. Kohl, in: Anregung 35, 1989, 124

4.5 ***Epist. 7:***
J. Blänsdorf/R. Nickel: Lucius Annaeus Seneca: Individuum und Gesellschaft, in: Aditus. Neue Wege zum Latein (Lehrerhandbuch), 1975, 95–111

4.6 ***Epist. 16:***
G. Reinhart/E. Schirok, Seneca, Epistulae morales, Zwei Wege ihrer Vermittlung (Auxilia 19), Bamberg 1988 | A. Kohl, in: Anregung 35, 1989, 124

4.7 ***Epist. 41:***
J. Ossberger/R. Gleiss, Seneca und die Naturphilosophie. Ein Versuch einer Betrachtung aus philologischer und naturwissenschaftlicher Sicht, in: Anregung 28, 1982, 361–371

4.8 ***Epist. 47:***
I. Kronpass, Unterrichtseinheit aus dem Leistungskurs Latein (2. Kurshalbjahr: Römisches Leben; 2. Teilziel: Sklaven im alten Rom), in: Materialien zum Lateinunterricht in Mittel- und Oberstufe, München 1977, 2–21

4.9 ***Epist. 51:***
E. Lefèvre, Der Mensch und das Schicksal in stoischer Sicht, in: AU 26.3, 1983, 61–73

4.10 ***Epist. 74:***
H. Steinmeyer, Der *virtus*-Begriff bei Cicero und Seneca, in: AU 17.2, 1974, 50–59

4.11 L. Voit, Zum 74. Brief der *Epistulae morales,* in: IAU 2, 1980, 96–104

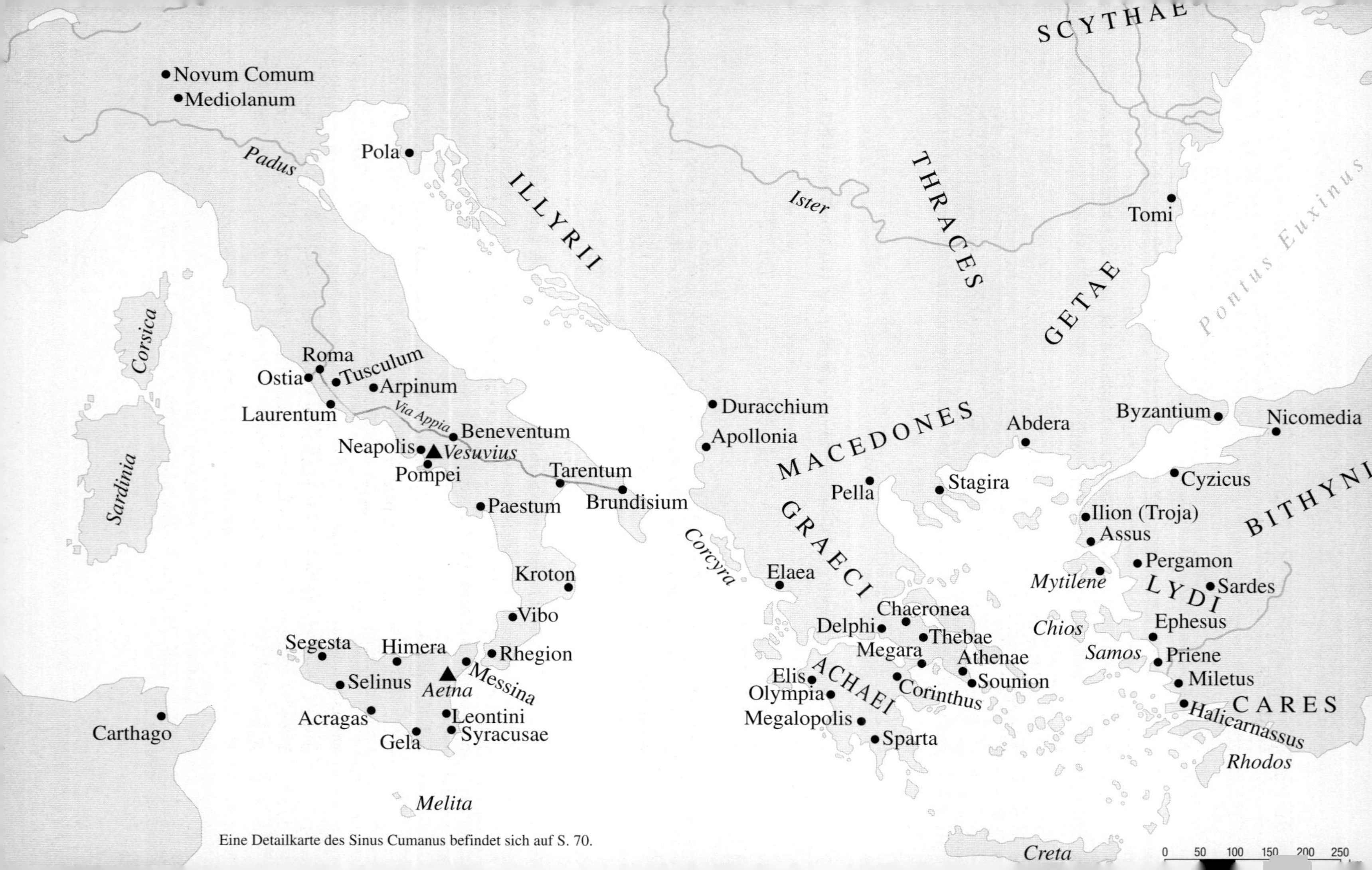

Eine Detailkarte des Sinus Cumanus befindet sich auf S. 70.

7 Muster für Schulaufgaben / Proben

Im Folgenden sind einige Möglichkeiten für Schulaufgaben (Proben) zur Brief-Lektüre vorgeschlagen. Selbstverständlich muss sich jeder Lehrer je nach der von ihm ausgewählten Lektüre selbst für entsprechende Texte entscheiden.
Da nur wenig Raum für diese Vorschläge zur Verfügung steht, konnten auch nicht alle im Textband behandelten Themen angesprochen werden. Es ist aber auch nicht notwendig, in den Schulaufgaben (Proben) einen Text zu bringen, der sich inhaltlich genau auf behandelte Themen bezieht.
Die Vorschläge für die Fußnoten (Sub-Linea-Kommentar) gehen vom sogenannten „Münchner Wortschatz" aus und müssen je nach dem früher verwendeten Lehrbuch bzw. nach dem Kenntnisstand der einzelnen Klasse überprüft und gegebenenfalls ergänzt werden.

1. Cicero:

1.1 Ein eilig niedergeschriebener Brief an Atticus (Ad Atticum I 10, 1 u. 6)

(passend zu Einheit I oder II)

Cicero Attico salutem

Cum essem in Tusculano, Roma puer a sorore tua missus epistulam mihi abs te adlatam dedit nuntiavitque eo ipso die post meridiem iturum eum, qui ad te proficisceretur. Eo (= quo) factum est, ut epistulae tuae rescriberem aliquid, brevitate temporis tam pauca cogerer scribere ...

Bibliothecam tuam cave cuiquam despondeas, quamvis acrem amatorem inveneris; nam ego omnes meas vindemiolas eo reservo, ut illud subsidium senectuti parem.

De fratre confido ita esse, ut semper volui et elaboravi; multa signa sunt eius rei, non minimum, quod soror (tua) praegnas est.

De comitiis meis et tibi me permisisse memini (et ego iam pridem hoc communibus amicis, qui te exspectant, praedico) te non modo non arcessi a me, sed prohiberi, quod intellegam multo magis interesse tua te agere, quod agendum est hoc tempore, quam mea te adesse comitiis.

---

bibliotheca: vgl. dt. Bibliothek – **despondere** (hier): versprechen, zusagen – **quamvis:** wenn auch – **vindemiolae** (hier): kleine Einkünfte – **eo** (hier): für den Zweck – **subsidium** (hier): Zufluchtstätte, Refugium – **pregnas:** schwanger – **comitia** (hier): Wahlversammlung, Wahl

1.2 Cicero äußert sich zur Sklavenbehandlung (Ad Quintum fratrem I 1, 17 f)
(passend zu Einheit II oder zum Sklaventhema der Einheit VII)

... (Ego) qui in eiusmodi rebus – in quibus vereor etiam, ne durior sim - cautus esse velim ac diligens, quo me animo in servis esse censes? Quos quidem cum omnibus in locis, tum praecipue in provinciis regere debemus.
Quo de genere multa praecipi possunt, sed hoc et brevissimum est et facillime teneri potest, ut ita se gerant in istis Asiaticis itineribus, ut si iter in via Appia faceres, neve interesse quicquam putent, utrum Tralles an Formias venerint.
Ac si quis est ex servis egregie fidelis, sit in domesticis rebus et privatis: Quae res ad officium imperii tui atque ad aliquam partem rei publicae pertinebunt, de iis rebus ne quid attingat!
Multa enim, quae recte committi servis fidelibus possunt, tamen sermonis et vituperationis vitandae causa committenda non sunt.

qui (hier): wenn ich - **cum ... tum ... (!)** – **regere** (hier): disziplinarisch lenken – **neve:** setzt das *ut ita* fort! – **Tralles**: Stadt im karisch-lydisch-jonischen Grenzgebiet – **res** (hier): Angelegenheiten – **pars rei publicae** (hier): politischer Bereich – **sermo** (hier): Getratsche

2. Plinius:

2.1 Träge Beteiligung der Öffentlichkeit am kulturellen Leben (Epist. I, 13)
(passend zu Einheit V)

C. Plinius Sosio Seneconi suo s.

Magnum proventum poetarum annus hic attulit: toto mense Aprili nullus fere dies, quo non recitaret aliquis. Iuvat me, quod vigent studia, (quod) proferunt se ingenia hominum et ostentant, tametsi ad audiendum pigre co-itur.
Plerique in stationibus sedent tempusque audiendi fabulis conterunt, ac subinde sibi nuntiari iubent, an iam recitator intraverit, an dixerit praefationem, an ex magna parte evolverit librum; tum demum ac tunc quoque lente cunctanterque veniunt, nec tamen permanent, sed ante finem recedunt, alii dissimulanter et furtim, alii simpliciter et libere.
At Hercule memoria parentum Claudium Caesarem ferunt, cum in Palatio spatiaretur audissetque clamorem, causam requisisse, cumque dictum esset recitare Nonianum, subitum recitanti inopinatumque venisse.
Nunc otiosissimus quisque multo ante rogatus et identidem admonitus aut non venit, aut, si venit, queritur se diem (quia non perdidit) perdidisse. Sed tanto magis laudandi probandique sunt, quos a scribendi recitandique studio haec auditorum vel desidia vel superbia non retardat. Equidem prope nemini defui.

proventus: Hervorkommen, Gedeihen – **vigere:** blühen, gedeihen – **se proferre:** sich öffentlich darstellen – **pigre** (Adv.): träge, faul – **statio** (hier): öffentlicher Platz – **fabulis conterere:** mit Geschwatz vergeuden – **subinde:** immer wieder – **recitator** < *recitare* – **praefatio:** Einleitung, Vorrede – **evolvere** (librum): (eine Buchrolle) aufrollen, lesen – **cunctanter** < *cunctari* – **dissimulanter:** heimlich, unauffällig – **furtim:** verstohlen – **libere:** offen – **Palatium:** der palatinische Hügel in Rom – **spatiari:** auf und ab gehen – **Nonianus:** Verfasser einer Geschichte Roms – **inopinatus:** unerwartet, unverhofft – **identidem:** immer wieder – auditorum < *audire* – **desidia:** Trägheit, Interesselosigkeit – **retardare:** zurückhalten

2.2 Sklaven revoltieren gegen einen strengen Herrn (Epist. III 14)

(passend zum Sklaventhema der Einheit VII)

C. Plinius Acilio suo s.

Rem atrocem nec tantum epistula dignam Larcius Macedo, vir praetorius... a servis suis passus est, superbus alioqui dominus et saevus et qui servisse patrem suum parum... meminisset.

Lavabatur in villa Formiana. Repente eum servi circumsistunt. Alius fauces invadit, alius os verberat, alius pectus et ventrem...

Et cum exanimem putarent, abiciunt in vervens pavimentum, ut experirentur, an viveret.Ille, sive quia non sentiebat, sive quia se non sentire simulabat, immobilis et extentus fidem peractae mortis implevit. Tum demum quasi aestu solutus effertur. Excipiunt servi fideliores, concubinae cum ululatu et clamore concurrunt. Ita et vocibus excitatus et recreatus loci frigore sublatis oculis agitatoque corpore vivere se confitetur.

Diffugiunt servi; quorum magna pars comprehensa est, ceteri requiruntur.
Ipse paucis diebus aegro focilatus non sine ultionis solacio decessit...

(Bei mehr Zeit als 60 Minuten kann der Text wie folgt erweitert werden.)

Addam, quod opportune de eodem Macedone succurrit: Cum in publico Romae lavaretur, notabilis atque, ut exitus docuit, ominosa res accidit. Eques Romanus a servo eius, ut transitum daret, manu leviter admonitus convertit se nec servum, a quo erat tactus, sed ipsum Macedonem tam graviter palma percussit, ut paene concideret.

---

vir praetorius: ein ehemaliger Praetor – **alioqui:** überhaupt, im Übrigen – **Formiae:** Küstenstadt in Latium – **fauces:** Kehle – **venter:** Bauch, Unterleib – **exanimis:** entseelt, leblos – **vervens pavimentum:** glühend heißes Pflaster / Estrich – **extentus:** hingestreckt – **fidem implere:** den Glauben / Anschein erwecken – **aestu solutus:** der Hitze erlegen – **concubinae:** uneheliche Frauen, Freudenmädchen – **ululatus:** Geheul, Gejammer – **frigus:** Kälte – **confiteri** (hier): erkennen lassen – **focilatus:** wiederbelebt, am Leben erhalten – **ultio** < *ulcisci* – **succurrere** (hier) sich ereignen, vorfallen – **notabilis:** bemerkenswert – **ominosus** < *omen* – **palma:** Hand, Handkante, Faust – **percutere:** schlagen, stoßen, treffen

3. Seneca

3.1 Kann die Philosophie gegen das Schicksal ankämpfen? (Epist. 16, 4-6)

(passend zu Einheit VII)

Dicet aliquis: „Quid mihi prodest philosóphia, si fatum est? Quid prodest, si deus rector est? Quid prodest, si casus imperat?Nam et mutari certa non possunt et nihil praeparari potest adversus incerta, sed aut consilium meum occupavit deus decrevitque, quid facerem, aut consilio meo nihil fortuna permittit!"
Quicquid est ex his, mi Lucili, vel si omnia haec sunt, philosophandum est. Sive nos inexorabili lege fata constringunt, sive arbiter deus universi cuncta disposuit, sive casus res humanas sine ordine impellit et iactat, philosóphia nos tueri debet.
Haec adhortabitur, ut deo libenter pareamus, ut fortunae contumaciter; haec docebit, ut deum sequaris, feras casum.
Sed non est nunc in hanc disputationem transeundum, quid si iuris nostri, si providentia in imperio est, aut si fatorum series illigatos trahit, aut si repentina ac subita dominantur: illo nunc revertor, ut te moneam et exhortor, ne patiaris impetum animi tui delabi et refrigescere. Contine illum et constitue, ut habitus animi fiat, quod est impetus.

---

rector < *regere* - casus (hier): Zufall - **est / sunt** (hier): *esse* hier in der Bedeutung zutreffen – **inexorabilis:** unerbittlich – **constringere:** fesseln, binden – **arbiter:** eigtl. „der, der entscheidet", der Herr – **res humanas impellere:** antreiben, bewegen, in Gang bringen – **contumaciter:** trotzig, widerspenstig – **providentia:** Vorsehung – **fata** (hier): Schicksalsschläge – **illigatus:** angebunden, gefesselt – **dominari:** herrschen – **delabi:** abgleiten, (hier): erlahmen – **refrigescere:** erkalten, nachlassen – **habitus animi:** „innere Haltung"

3.2 Zum Wert unserer Lebenszeit (Epist. 1)

Ita fac, mi Lucili: Vindica te tibi, et tempus, quod adhuc aut auferebatur aut subripiebatur aut excidebat, collige et serva!
Persuade tibi hoc sic esse, ut scribo: quaedam tempora eripiuntur nobis, quaedam subducuntur, quaedam effluunt. Turpissima tamen est iactura, quae per neglegentiam fit. Et si volueris adtendere, magna pars vitae elabitur male agentibus, maxima nihil agentibus, tota vita aliud agentibus. Quem mihi dabis, qui aliquod pretium tempori ponat, qui diem aestimet, qui intellegat se cottidie mori? In hoc enim fallimur, quod mortem prospicimus: magna pars eius iam **praeteriit**; quidquid aetatis retro est, mors tenet. Fac ergo, mi Lucili, quod facere te scribis, omnes horas complectere! Sic fiet, ut minus ex crastino (die) pendeas, si hodierno manum iniederis. Dum differtur vita, transcurrit. Omnia, Lucili, aliena sunt, tempus tantum nostrum est; in huius rei unius fugacis ac lubricae possessionem natura nos misit; ex qua expellit quicumque vult.

---

subripere: unbemerkt wegnehmen, entziehen – **excidere** (hier): ungenützt vorübergehen – **subducere:** entspricht subripere – **iactura:** Verlust - neglegentia < *neglegere* – **elabi:** entschlüpfen – **aliud agere:** etwas anderes, nicht Sinnvolles (wie z. B. philosophieren) tun – **aliquod pretium ponere** (m. Dat.): wirklichen Wert beilegen (einer Sache) – **prospicere** (hier): (noch) in weiter Ferne / weit vor sich sehen – crastinus: **morgig** – **pendere ex:** abhängen von – **manum inicere** (m. Dat.): Hand anlegen, Besitz nehmen (von) – **fugax** < *fugere* – **lubricus:** schlüpfrig – **in possessionem mittere:** in den Besitz einsetzen